O CAMINHO DA **LIBERDADE INTERIOR**

DA ANÁLISE AOS FATOS

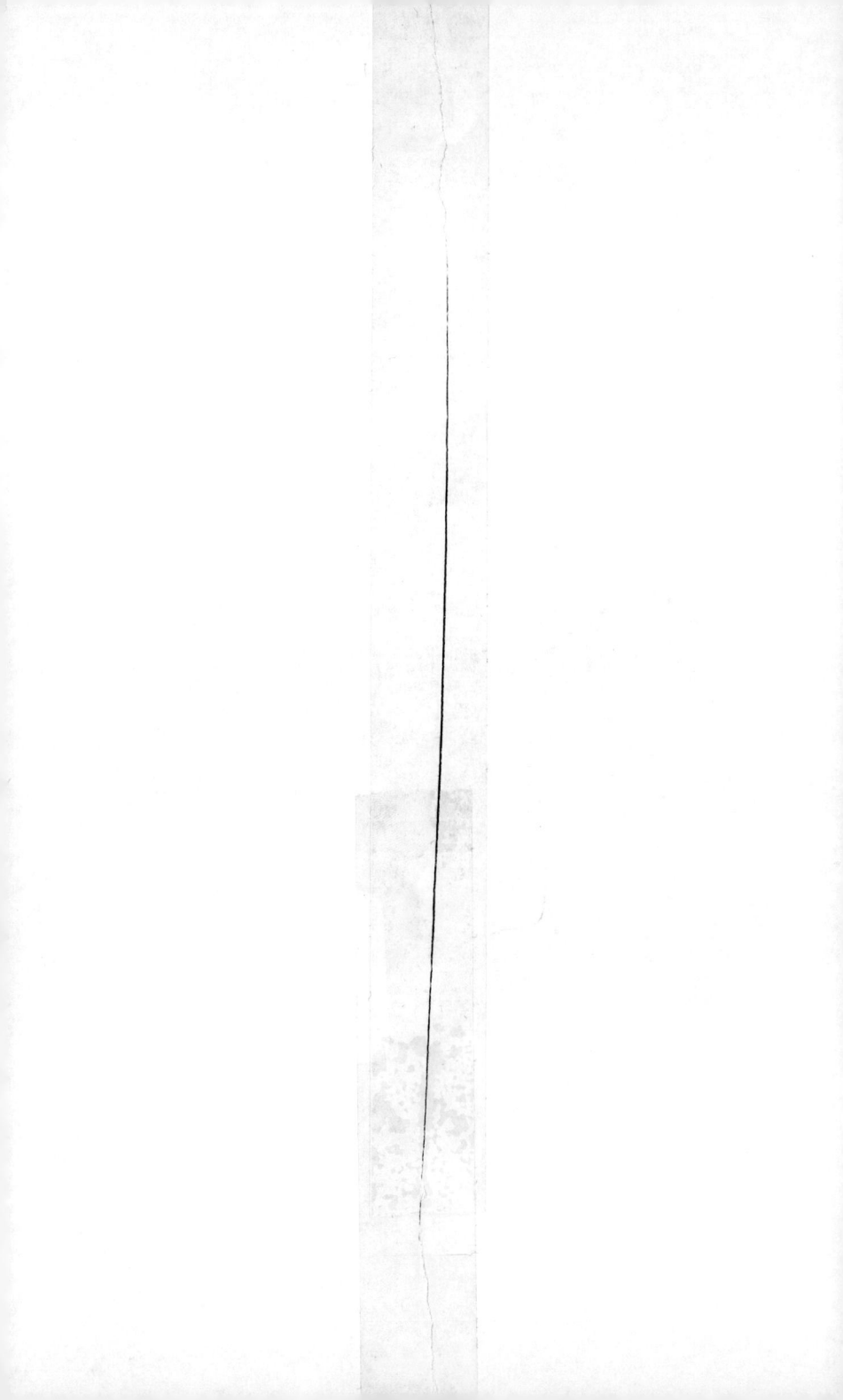

MILTON PAULO DE LACERDA

O CAMINHO DA LIBERDADE INTERIOR

DA ANÁLISE AOS FATOS

Edições Loyola

Dados Internacionais de Catalogação na Publicação (CIP)
(Câmara Brasileira do Livro, SP, Brasil)

Lacerda, Milton Paulo de
 O caminho da liberdade interior : da análise aos fatos / Milton Paulo de Lacerda. -- São Paulo, SP : Edições Loyola, 2022. -- (Sabedoria para o nosso tempo)
 Bibliografia.
 ISBN 978-65-5504-187-3
 1. Espiritualidade - Cristianismo 2. Liberdade - Aspectos religiosos - Cristianismo 3. Livre arbítrio I. Título. II. Série.

22-114218 CDD-261.72

Índices para catálogo sistemático:
1. Liberdade : Cristianismo   261.72
 Eliete Marques da Silva - Bibliotecária - CRB-8/9380

Capa: Ronaldo Hideo Inoue
Composição a partir da imagem de © Olga | Adobe Stock.
Diagramação: Telma Custódio

A revisão do texto desta obra é de total responsabilidade de seu autor.

Edições Loyola Jesuítas
Rua 1822 nº 341 – Ipiranga
04216-000 São Paulo, SP
T 55 11 3385 8500/8501, 2063 4275
editorial@loyola.com.br
vendas@loyola.com.br
www.loyola.com.br

Todos os direitos reservados. Nenhuma parte desta obra pode ser reproduzida ou transmitida por qualquer forma e/ou quaisquer meios (eletrônico ou mecânico, incluindo fotocópia e gravação) ou arquivada em qualquer sistema ou banco de dados sem permissão escrita da Editora.

ISBN 978-65-5504-187-3

© EDIÇÕES LOYOLA, São Paulo, Brasil, 2022

A Catarina, esposa querida, companheira de minha caminhada na busca da liberdade interior.

SUMÁRIO

PRIMEIRA PARTE
O TRABALHO DA LIBERTAÇÃO

Nossas muitas fomes..11
Perfeição X perfeccionismo – *Alguém é perfeito?*.....................19
Forte ou autossuficiente? – *Estátuas de bronze* 31
Fazendo força à toa – *Esforço inútil* 49
Agrados desagradáveis – *Entre o Sim e o Não*........................57
Relaxe para ser feliz!..65
Virando-nos por conta própria – *No reino das parasitas*..........75
Saindo dos próprios cômodos – *O "Mínimo Esforço" e a Ergonomia*.............81
Vivendo o essencial..89

SEGUNDA PARTE
A DESCONHECIDA LIBERDADE

O negócio é ser livres!..99
Momento do espanto!..103
Afinal, que é ser livres?..107
Como se apresenta a liberdade?..109
E a frustração... como fica? 115
Experimente tomar o próprio pulso 121
De bússola em punho...123
Da fama à certeza..125
A indiferença inaciana..129
Alguns pressupostos da liberdade...133
A questão dos apegos..139
Vamos tomar o pulso novamente?...147

Quando a liberdade entra em crise 149
Atenção aos valores 157
Venham agora, os princípios 165
Citando provérbios 169
Falem também os autores 177
Encerrando nossa conversa 181

Apêndice I – O que Inácio escreveu sobre o assunto 183
Apêndice II – Que dizem os comentaristas? 187
Bibliografia 191

PRIMEIRA PARTE

O TRABALHO DA LIBERTAÇÃO

O pior uso que se pode fazer da liberdade é abdicar dela.
(Vitor Hugo)[1]
A liberdade, quando começa a criar raízes,
é planta de rápido crescimento.
(Washington)[2]

---

[1] https://www.kalimaquotes.com/pt/quotes/119406/o-pior-uso-que-se-pode, acesso em 16 de novembro de 2021.
[2] https://www.mundodasmensagens.com/frase/lq7YYMq7Y/, acesso em 16 de novembro de 2021.

NOSSAS MUITAS FOMES

O bebê se põe a chorar porque está com fome, e não para enquanto não encontra o seio da mamãe. Nosso estômago "dá as horas", porque um vazio existencial reclama pelo alimento, fazendo que nossas mãos abram a geladeira. Ou então faz que pela rua nossos olhos se agucem gulosos na procura de uma lanchonete.

Sobre a mesa do jantar uma travessa coberta com um véu, naturalmente leva à irresistível vontade de levantar-lhe uma ponta, para saber o que ali se esconde. A curiosidade faz parte de nosso equipamento psicológico e nos leva a querer saber sempre mais, seja qual for a importância do assunto, seja qual seja a urgência do caso. Pode ser efeito de bisbilhotice nem sempre muito prudente, como no caso dos passantes que diminuem a velocidade do carro para ver detalhes de um acidente na rua ou na estrada. Para muitas mulheres um espelho funciona como ímã, atraindo por exemplo os olhos da motorista para o espelhinho do retrovisor do automóvel a respeito da própria maquiagem, bastando acontecer um sinal fechado.

Por trás de tudo que nos atrai existe sempre um motivo, um foco de interesse, um vórtice de fascinação, um buraco negro que nos arrasta com força para dentro. Nenhum movimento acontece à toa, nem que seja por motivação inconsciente. A vida é dinâmica, nos chama e nos empurra para um lado e para outro, sugando-nos ou repelindo-nos, exaltando-nos ou deprimindo-nos, sacudindo-nos ou aquietando-nos. Até parece que, em nível macroscópico vamos reproduzindo as evoluções vertiginosas e microscópicas do interior dos átomos.

Estamos sempre em busca de alguma coisa, da manhã à noite, em busca de começar, de desenvolver, de realizar; em busca de sentido para cada gesto e para cada decisão. Queiramos ou não estamos sempre a agir. No entanto, poucas são as pessoas conscientes e livres para fazê-lo com plena autonomia.

Autonomia é andar de olhos abertos, é ter consciência do que acontece dentro e em volta de nós. É ser donos, ainda que em termos, de nossas emoções e de nossas decisões. É nos permitirmos viver uma intimidade afetiva calorosa e satisfatória com as pessoas de nossa convivência, abrindo prudentemente o coração em confidências e trocando com elas formas razoáveis de carinho. Se não temos consciência quanto ao sentido do que fazemos, alguma coisa ou alguém fora de nós vai assumir o comando de nossa vida, para azar nosso. Lá se iria, ralo a baixo, nossa autonomia.

Abraham Maslow ensinava com sua engenhosa pirâmide que o primeiro passo na realização humana é o da satisfação das necessidades básicas, como de respirar para não nos sufocarmos, de dormir para repormos energias (e não enlouquecermos!), de beber água e nos alimentarmos por razões óbvias e até, embora em grau menos exigente, de fazer uso do sexo. Tudo isso como necessidade de sobrevivência. A busca de *segurança*, de *enturmação* e de *reconhecimento* das próprias qualidades, como o autor escalona em seguida, são igualmente tendências não aprendidas, provem da própria natureza como exigências de auto realização. No entanto, o que vamos mais adiante tratar como *compulsores* não chega a este grau de premência.

Numa filosofia caseira, podemos dizer que nossa vida balança como pêndulo entre o *nada* e o *tudo*, do *nada* para o *tudo*, reproduzindo a história do Universo que, como ensina a Bíblia, foi tirado do Nada por ação do Criador. Dado o pontapé inicial no processo da criação, acontece em cada criatura, em cada ser que vem à existência neste mundo, em cada ser humano, a passagem necessária do *não-ser* para o *ser*, do menos para o mais, sempre em vista de algo melhor e que não existia ainda.

Este processo é natural, não tem necessidade de ser aprendido, confunde-se com o instinto de sobrevivência e com a tendência para o progresso. Quando nos debruçarmos mais adiante sobre os *compulsores*, também não nos estaremos referindo àquele movimento original da Criação, que não depende de influências ambientais e históricas, porque vem do mais fundo de nossa natureza. Muitas de nossas ações ocorrem por força de hábitos que vamos formando desde a mais tenra infância. O *falar* acontece depois de quilômetros de balbucios, muxoxos e caretas, longo treinamento até chegarmos à expressão verbal das pequeninas ideias que começaram a brincar no interior de nosso cérebro. O *andar* aparece como fruto bamboleante de um sem número de tombos e vacilos, antes de atingirmos a firmeza dos passos e a agilidade da corrida.

Como afirmava Santo Tomás de Aquino no século XII, um *hábito* é o resultado da repetição de atos[1]. Quanto mais fazemos a mesma coisa, tanto mais fácil se torna aquela ação. Em outras palavras, torna-se espontânea e, muitas vezes, tanto mais agradável. Sai pelos poros sem necessidade de pensar, brota singela como a água de fonte cristalina. A primeira vez que pegamos uma bicicleta, não temos equilíbrio para andar na linha reta, sem contar os tombos e esfolados quase inevitáveis. Aos poucos vamos adquirindo segurança, avançando com elegância e realizando até pequenas acrobacias, como andar sem as mãos no guidão ou dirigindo de trás para diante, sentados de costas sobre o mesmo.

Vestir-nos sem precisar pensar, comer educadamente, ler, usar aparelhos eletrônicos, tomar banho em determinada sequência sempre a mesma, dirigir um carro, escrever, tocar um instrumento musical e tantas outras coisas são hábitos que se aprendem. Uma vez aprendidos, nunca mais se esquecem inteiramente. Se alguém deixa de tocar piano ou teclado por um bom tempo, bastarão alguns minutos para se ajeitar de novo com as teclas, uma hora de dedilhado será suficiente para recuperar praticamente tudo que sabia anteriormente.

---

[1] Questões 49 e 54 da Suma Teológica de Tomás de Aquino e os livros I e II da obra Ética a Nicômaco de Aristóteles [Para a Suma Teológica, cf. SANTO TOMÁS DE AQUINO. *Suma Teológica*, 9 Vol., São Paulo, Loyola, ⁶2021; para a Ética a Nicômaco, cf. WOLF, Ursula. *A Ética a Nicômaco de Aristóteles*, São Paulo, Loyola, 2010. (N. do E.)]

A razão disso é porque *todo hábito, em sua formação inicial, se instala no cérebro fazendo um "caminho neuronal"*. Isto é, o aprendizado vai se fixando em determinados neurônios e se ligando em precisas sinapses. Esse caminho se enraíza pela repetição do treinamento, de tal forma que se pode identificá-lo pela facilidade com que a ação "escorrega" daí para diante, quando acionada.

A gente admira a leveza dos e das ginastas nas acrobacias de solo nas olimpíadas, assim como a arte espantosa com que os dedos de um(a) concertista percorrem o teclado de um piano. Só que toda essa facilidade supõe enorme quantidade de esforço e tempo para treinamento. Como dizia Thomas Alva Edison, "o gênio é um por cento de inspiração e noventa e nove por cento de transpiração"[2].

Diz o ditado que "o hábito não faz o monge"... *mas faz os compulsores*. Tais são as coisas que aprendemos de criança, tais os impulsos aprendidos desde a meninice. Chamamo-los de "compulsores", porque tem a característica de acontecer sem nos pedir licença, tão espontâneos como as picadas do pernilongo que nos pousa sobre a pele e suga nosso precioso sangue.

O mecanismo – não tão secreto como poderia parecer – é o que gosto de chamar de "os três gestos fundamentais do comportamento". *O que pensamos, influencia diretamente o que sentimos, e acaba exteriorizando-se de várias formas*, seja no estado geral do organismo, seja na fala, seja em qualquer forma de nosso comportamento e nos relacionamentos com pessoas e coisas.

Os *compulsores são formas de pensar aprendidas*, como tudo o mais, a partir dos modelos da infância, principalmente de nossos pais, mestres, coleguinhas e vizinhos. Mais recentemente, são aprendidas a partir de toda sorte de mídia a que desde pequenas as crianças estão expostas. Assim se explica a facilidade com que muitas são agressivas, erotizadas e mal-educadas, depois de sessões repetitivas de filmes, desenhos animados e novelas na TV, depois de gastarem horas em jogos violentos de computador, onde se destrói coisas de valor e se mata gente "por esporte", sem a mínima compaixão.

---

[2] https://www.pensador.com/frase/NDk4MjU5/, acesso em 17 de novembro de 2021.

"É brincadeirinha!", dizem os adultos que as acompanham, sem perceber que dessa estranha forma vão-se formando as mentes e os hábitos de gerações inteiras, assim como o atualmente combatido problema de *bullying*. Crianças e adolescentes, treinados nesse ambiente de guerra, não se contentam com o faz-de-conta das telinhas da informática e das telonas do cinema, querem experimentar o próprio poder de dominação sobre os colegas, aproveitando-se da natural diversidade e da eventual fraqueza de alguns deles. Testam-se mutuamente, até encontrarem os que se tornarão o bode expiatório da turma. Basta lembrar a quantidade de apelidos que brotam na escola como torneiras abertas: o Perneta, o Quatro-olhos, o Perna-de-pau, o Casca-grossa, o Porco-espinho e muito mais.

Os *compulsores*, embora percebidos como hábitos inconvenientes e tendências negativas, apresentam-se disfarçados como as sereias da mitologia, isto é, de forma só aparentemente positiva, de maneira até atraente. Fazem assim lembrar aqueles seres, metade mulher metade peixe, com que o herói grego, Ulisses, encontrou-se quando de volta para Ítaca, sua pátria, após a guerra de Troia[3]. Fora avisado por Circe a respeito do canto dessas criaturas, e ordenou a seus marinheiros que tampassem os ouvidos com cera de abelhas, para não se deixarem seduzir por aqueles seres estranhos.

No entanto, curioso a respeito do canto das mesmas, pediu para ser amarrado ao mastro, aonde pôde ouvir as sereias sem ser capaz de jogar-se ao mar em direção a elas. Algumas histórias dizem que as sereias morreram após a passagem incólume do herói. Prenúncio, parece, da capacidade regeneradora que possuem as decisões positivas e enérgicas de quem assume atitudes de verdadeira liberdade interior, ao se deparar com as ilusões dos *compulsores*.

Não é que estes sejam atitudes totalmente más, funcionam apenas como algumas pílulas medicinais recobertas de açúcar, mas com interior extremamente amargo. À primeira vista são convites para de alguma forma sermos felizes. No bojo contudo são portas ou armadilhas para a infelicidade.

---

[3] https://pt.m.wikipedia.org/wiki/Odisseu, acesso em 17 de novembro de 2021.

A lista que segue, bastante completa, poderá deixar clara a afirmação anterior. Senão, vejamos.

Seja perfeito!
Seja forte!
Seja esforçado!
Seja agradável!
Seja apressado!
Seja parasita!
Seja comodista!
Seja consumista!

Fica bem claro haver algo de bom, algo mesmo de aliciador, em cada um dos comandos acima. São na aparência convites para nos sentirmos melhores. *Ser perfeito* é atingir o máximo no crescimento pessoal. *Ser forte* é a garantia de superar nossas evidentes embora eventuais fragilidades. *Ser esforçado* parece provar quanto de boa vontade desejamos colocar em nossos compromissos. *Ser agradável* parece favorecer os relacionamentos e faz aumentar a roda dos amigos. *Ser apressado* parece indicar alto grau de dinamismo em nossas atividades. *Ser dependente* parece mostrar nossa face obediente e dócil à autoridade. *Ser comodista* insinua que poupamos nossas forças e nos tratamos com muita moderação. *Ser consumista* parece nos revelar como possuidores de bastante riqueza e bom gosto.

Uma pergunta meio ansiosa provavelmente toma corpo em nossa mente: "Todos estão sujeitos a isso? Será que eu também?". Respondo em primeiro lugar que somos todos atingidos por todas essas ideias e influências, só que em graus diferentes para cada um, conforme o tipo de educação e as circunstâncias de nosso ambiente pessoal.

Mais: nessa linha de pensamento patológico, geralmente prevalecem um ou dois desses *compulsores*, às vezes três. Organizam-se mais ou menos assim, por exemplo: Sou perfeccionista para ser agradável. Ou: sou esforçado para tornar-me dependente. E assim por diante, numa variedade realmente curiosa e própria de cada indivíduo.

Em oposição aos *compulsores*, como caminhos de libertação, podemos alinhar os chamados *permissores*, ou seja, as atitudes que podem libertar-nos daqueles enganos. Poderiam resumir-se numa simples expressão: "Seja você mesmo!". Esta proposta sintética, porém, só será bem entendida na experiência de quem já vem trabalhando o assunto há algum tempo e que, por isso, consegue descortinar ampla visão do que seja uma autêntica liberdade. Um pouco como aquela pessoa que assistiu ao trailer de um filme, com o que captou o essencial de sua mensagem, mas só poderá entendê-lo a fundo se assistir ao filme inteiro.

Especificando, então, a resposta para cada *compulsor*, temos:

Contra o *seja perfeito*:	Você tem o direito de errar.
Contra o *seja forte*:	Você pode pedir ajuda e aceitar suas fraquezas.
Contra o *seja esforçado*:	Você pode agir prontamente e ser coerente.
Contra o *seja agradável*:	Você pode dizer "não" sem se sentir culpado.
Contra o *seja apressado*:	Você pode relaxar e fazer cada coisa por sua vez.
Contra o *seja parasita*:	Você pode se virar por si mesmo.
Contra o *seja comodista*:	Você pode sair de seus cômodos e prestar serviço.
Contra o *seja consumista*:	Você pode viver bem, apenas com o essencial.

Na sequência, poderemos sentir passo a passo quanto é melhor viver uma legítima liberdade, longe das ilusões que nos passaram através dos verdes anos de nossa infância e juventude. Temos muito mais fome da Verdade e da autenticidade, apesar da tendência ingênua de nos deixarmos conduzir pelos cantos de sereias.

PERFEIÇÃO X PERFECCIONISMO
Alguém é perfeito?

"Oque merece ser feito, merece ser bem feito, mas não precisa ser perfeito". Por óbvio que isto pareça, julgam alguns – muitos, aliás – que precisam quase virar do avesso para ter resultados mais que excelentes. Talvez por vaidade, para brilharem na opinião dos outros. Talvez por escrúpulo, por se sentirem constantemente cobrados pela própria consciência, já que tiveram educação rigorosa, vinda de pais exigentes, estes mesmos perfeccionistas.

Ora, o ótimo é inimigo do bom. Muito bem se acontece! Mas estar sempre atrás do ótimo chega a ser cansativo, exaustivo, extenuante. Está muito próximo do frustrante e do desanimador, como subir no pau de sebo das quermesses, na festa de São João: depois de muitos e inúteis escorregões, a pessoa mais facilmente desiste. Aquela prenda pendurada no alto do mastro ficará lá para desespero de novas tentativas. A vida do perfeccionista é recheada de insatisfação.

Joãozinho desde a infância formara o hábito de perder-se nos detalhes, numa busca escrupulosa, obrigando-se a continuar na teima de fazer tudo mais que perfeito. Isto se justificava com o argumento de não querer ser medíocre, o que é muito bom. Mas, sendo agora um rapagão, precisa respeitar seus próprios limites, lembrar-se de que é de carne e osso, de que é gente e que, por mais que tente, nunca poderá com um salto chegar à lua.

PROCURANDO A PERFEIÇÃO

O diretor de cinema Stanley Kubrick tornou-se célebre pelo rigor com que realizava seus filmes. Chegava a repetir até quarenta vezes as tomadas de uma mesma cena, por achar que os atores não estavam entendendo as falas. Apesar de parecer ato frio e desumano, esse método com a atriz Shelley Duvall em *O Iluminado* (*The Shining*, Estados Unidos e Reino Unido, 1980) parece ter funcionado. Após mais de 100 tomadas (um recorde), os gritos de desespero da atriz na cena "Here is Johnny" pareciam reais. Talvez porque fossem mesmo a expressão de seu cansaço. Curioso observar que Kubrick faleceu de um ataque cardíaco. Mesmo sem querer ligar necessariamente este fato a sua tendência perfeccionista, dá que pensar quanto esta terá favorecido seu desenlace.

A busca da perfeição pode ter resultados compensadores. A revista Saturday Evening Post, que assinei durante anos, trazia com frequência ilustrações do pintor Norman Rockwell – 323 capas –, tão realistas que pareciam fotos. Conta-se que no desenho procurou compensar a timidez pelos pés tortos da infância. Meticuloso, sempre fazia os desenhos separados em partes: esboço da ideia, vestuário e logo depois tudo junto. Em 1937 passou a fotografar e fazer seus desenhos a partir das fotografias obtidas, fazendo desenhos em preto e branco para depois estudar as possibilidades de cores e texturas. Dava atenção especial às expressões faciais, capturando as expressões de maneira exata e caricaturada, principalmente quanto às expressões infantis. Ao que parece, viveu essa dedicação sem exagero. Foi um artista.

Michael Joseph Jackson tornou-se indiretamente vítima da dedicação à sua arte como dançarino, cantor e compositor. Embora mais conhecido pelo sucesso de seu álbum *Thriller*, começou desde os 5 anos a cantar e dançar junto com os irmãos no Jackson Five, até ser reconhecido como o Rei do Pop. Influenciou mundialmente a cultura dos vídeo-clips e a aceitação da música negra. No palco e nos clipes, popularizou refinadas técnicas de dança. Seu estilo diferente e único de cantar e dançar, bem como a vibração de suas canções, influenciaram uma série de artistas jovens. Foi ao mesmo tempo notável filantropo, doando milhões de dólares durante toda sua carreira a causas beneficentes por meio da *Dangerous World Tour*, compactos voltados à caridade e à manutenção de 39 centros de caridades, através de sua própria fundação.

Todos os grandes artistas tornaram-se clássicos porque capricharam em seus trabalhos. Michelangelo Buonarroti, por exemplo, levou anos para pintar o teto da Capela Sistina, assim como para trabalhar na confecção de estátuas fantásticas como a *Pietá* e o *Davi*.

Johan Sebastian Bach, inigualável na música, foi compositor, cantor, maestro, professor e organista, escrevendo verdadeiras obras-primas. O que raramente se fala é de sua obstinada perseverança em estudar partituras à noite, à luz de velas, às escondidas do irmão que lhe proibia tal esforço. Diz-se que prejudicou com isso a vista para o resto de seus dias.

ONDE ESTÁ O MAL

O grande problema do perfeccionista é *não querer jamais errar*. Ora, para falar a verdade, errando se aprende. Foi errando muitas vezes que desde pequenos fomos aprendendo a falar e escrever. Foi levando tombos que aprendemos a andar. Dizem por isso os pedagogos e os psicólogos que o primeiro método de aprendizagem é o do *ensaio e erro*. Uma criança, diante de um jogo de armar, experimenta aqui e ali, até que, depois de várias tentativas, encaixa as peças nos lugares certos. Então se diz que ela aprendeu. Tudo na vida é assim. Ninguém nasceu sabendo. Quem tem medo de errar nunca vai acertar, como acontece com quem nem tenta lançar-se à água e nunca aprenderá a nadar.

O ótimo é inimigo do bom, diziam os antepassados. E com razão, porque poderíamos deixar de nos proteger da chuva por termos apenas um velho guarda-chuva, e não aquela estilosa capa de gabardine que gostaríamos de ter comprado. Ou talvez deixaríamos de passar uns dias numa localidade turística só porque não tivemos tempo (ou dinheiro) para arrumar nosso guarda-roupa com melhor estilo. Ou ainda perderíamos a ocasião de manter contato telefônico com uma pessoa, pelo simples fato de que nosso computador no momento está com problemas.

Atitude saudável é a de mantermos o *equilíbrio entre "tudo" ou "nada"*. Não convém sermos minimalistas, contentando-nos com a mediocridade, nem exigentes demais, querendo ser perfeitos em tudo. Se em alguma ocasião pudermos realizar alguma coisa muito boa, excelente! Não precisamos, porém, exigir de nós mesmos o máximo em todos os momentos. Até computador erra! Quem tudo quer tudo perde! *Valemos pelo que somos, como pessoas*, simplesmente, não apenas pelos nossos feitos.

Escrevi em outra ocasião, que é muito mais importante "ser", porque daí procede o "fazer" (*ágere séquitur esse*, diziam os filósofos). O macaco saberá fazer micagens, a galinha seus cocoricós, o leão seus rugidos e assim por diante. Cada ser vai agindo de acordo com sua natureza. Seria estranho encontrar um coelho digitando um laptop, assim como um elefante tocando piano. Somos gente e, como tais, desenvolvemos fantástico potencial, a ponto de podermos dizer que "o céu é o limite".

Só Deus é perfeito, nós somos todos falíveis, e não pouco. Um provérbio recorda esse fato, ao dizer que "errar é humano, mas perseverar no erro, sim, é burrice". Trata-se de uma questão de limites. Limites na inteligência, porque por mais que saibamos, há muitíssimo além, que jamais vamos entender. Limites na memória, tão evidentes nas muitas falhas dessa nossa capacidade tão importante. Limites na vontade, tão frágil e por vezes hesitante e incoerente. Limites na imaginação, nem sempre dócil para criar, fazendo diabruras a ponto de ser chamada de "a louca da casa", causando-nos medos infundados e transformando nossos sonhos em fantasmagorias e pesadelos. Limites no amor, porque, embora sincero, encontra-se por vezes frio, apático e insensível.

Quando o entendemos, sentimos de uma parte verdadeiro entusiasmo, porque os horizontes do sucesso se alargam. E, de outra parte, o despertar de energias novas para conquistá-los. Nada disto dispensa o bom senso, isto é, o senso do *real*, do que está aí como realidade, assim como o senso do *realizável*, do que razoavelmente se pode esperar que venha a acontecer.

Um grupo de estudantes de Letras, treinados em aula a perceber erros de gramática e defeitos de estilo, acompanhava a palestra de um orador. Tratava-se de sujeito competente, embora um tanto repetitivo. Usava no discurso o que chamamos de "muletas verbais", como: "não é?", "sabe?", "entendeu?" e semelhantes expressões, em que as pessoas se apoiam verbalmente, enquanto se dão um tempo a mais para completar as ideias. O grupo acabou perdendo o principal da palestra e o sentido da mensagem, porque se dedicou a contar quantas vezes o orador repetia uma de suas habituais muletas.

Vivemos no meio de imperfeições, na companhia de pessoas que tem limites, apesar de suas muitas qualidades. Chamar-lhes a atenção e tentar corrigi-las pode ser exaustivo e desanimador. Lembro-me daquele pai, que me procurou, preocupado com o comportamento rebelde do filho adolescente. Sugeri que evitasse ao máximo apontar seus defeitos. Antes, aproveitasse quaisquer coisas que ele fizesse direito e o mostrasse quanto antes, embora sem exagero, dizendo-lhe como estava contente com o fato. Não demorou mais que duas semanas, o pai voltou podendo dizer-me quanto estava surpreso com a mudança do garoto.

AS CARAS DO PERFECCIONISMO

Uma forma desse *compulsor* consiste em *descobrir defeitos*. É o caso da pessoa que, em cada experiência, presta especial atenção para o que esteja faltando. Como no caso da folha em branco, em cujo centro certa vez marquei um ponto de tinta e apresentei para um cliente, perguntando-lhe: "O que você vê?". Ele respondeu simplesmente: "Vejo um ponto". Eu insisti: "Só isso?". Como ele o confirmasse, eu lhe devolvi: "E o resto da folha em branco, você não está vendo?".

É comum que o *compulsor* "seja perfeito!", leve a pessoa ao costume de raramente concordar com o que os outros falam. Sempre dirá que *não*, que se trata de outra coisa, que não está certo e assim por diante. Para quem tenta dialogar com os perfeccionistas, toda conversa é teste de paciência, porque se sente constantemente frustrado. Jamais consegue acertar com tão exigentes interlocutores. No fundo, estes não confiam em ninguém. Confiam apenas nas próprias ideias e nas próprias convicções. Assim mesmo, lhes acontecem crises de escrúpulos, porque nem em si mesmos acabam acreditando, por incrível que pareça.

Essa tendência acaba se estendendo a outros campos e a outras circunstâncias, dentro de casa, no contato com colegas de trabalho e mais ainda com filhos e subordinados. Mesmo quando parecem gentis, mais parecem fiscais do que colegas ou amigos. Dificilmente são acolhedores e compreensivos. Mesmo sem estar bem conscientes, mantem as antenas ligadas a qualquer coisa que não esteja conforme aos figurinos.

Incomodam-se ao ver um quadro levemente torto sobre a parede da sala, ao ouvirem uma nota desafinada no grupo de canto coral, ao perceberem livros fora do lugar. Tornam-se exigentes e cobradores, primeiro sobre si mesmos, depois sobre as demais pessoas. Seu mal-estar vai se manifestando no hábito de criticarem, de chamarem a atenção, na compulsão de acertar pormenores nos arranjos de uma mesa e assim por diante.

Diz antigo provérbio latino "Conserva a ordem, e a ordem te conservará" (*Serva órdinem et ordo servabit te*). Com certeza o problema não está na ordem, está no exagero. Uma das formas de exagerar é o *sempre*. É querer aplicar a ideia o tempo todo, transformando-a em preocupação ou quase obsessão. Ter "um lugar para cada coisa e manter cada coisa no seu lugar" é princípio organizador, sinal de prudência, facilitador da vida. Mas exagerar nesse cuidado estraga o benefício que daí se poderia tirar. Como sempre, o meio termo, o equilíbrio, é o que sustenta nossos acertos. Já dizia na Idade Média Santo Tomás de Aquino, repetindo o grego Aristóteles: "A virtude está no meio" (*In médio stat virtus*)[1].

---

[1] A frase "No meio é onde está a virtude" está incompleta, quando completa, como o seu autor a proferiu, então torna-se claro e evidente que o seu verdadeiro sentido é um apelo à moderação.

O perfeccionista costuma ser minucioso e detalhista, também quando precisa tomar uma resolução. Acha que precisa primeiro saber todas as razões pró e contra, todas as vantagens e desvantagens. Quase como se estas fossem abutres voejando ameaçadores no horizonte do futuro, antes de dar por terminado o processo de decisão. Fica ansioso na busca das razões, esquecido de que "quem tudo quer tudo perde", condenado provavelmente a ficar no eterno vai e vem da indecisão, no vazio escuro da frustração.

Sinal a mais da síndrome é o *estresse* em que vive o perfeccionista. Dentro de sua cabeça não tira férias. Está sempre preocupado com o que está faltando. Se vai explicar alguma coisa, não se contenta com aquele princípio da Teoria Literária, que aponta três qualidades para um bom estilo: Propriedade de termos, Clareza e Concisão. Acha necessário repetir uma e outra vez o que já disse, como se o outro não o entendesse de outra forma, porque não acredita ter sido suficientemente claro ao dar a explicação até aquele momento. Ora, quem muito explica, muito cansa, a si e aos outros. Não "desconfia" que o outro também é inteligente. Bastaria ser objetivo, sem ficar dando voltas e forçando a atenção desnecessária do ouvinte com circunlóquios inúteis. Bem se aplica aí o provérbio "Falar é prata, mas calar (geralmente) é ouro".

Falta ao perfeccionista o relaxamento de quem olha a vida com soltura e autêntica liberdade interior. Ele até sabe da importância do contato descompromissado com a natureza, da contemplação das flores e dos pássaros, dos pores-do-sol, da aspiração do ar puro da manhã, mas não se permite desfrutar inteiramente dessas coisas boas, porque é rígido consigo mesmo no sentido de talvez não perder tempo. Afinal de contas, repito: "errar é humano, só perseverar no erro é burrice". Só Deus não erra. Por falta disso, a pessoa marcada por este *compulsor* é bastante impaciente.

A frase completa é: "No meio está a virtude, sendo os extremos vícios" – tal como a escreveu em "A Ética a Nicômaco" (em grego: Ἠθικὰ Νικομάχεια – transl.: Ēthicà Nicomácheia; em latim: *Ethica Nicomachea*) é a principal obra de Aristóteles sobre Ética. Nela se expõe sua concepção teleológica e eudaimonista de racionalidade prática, sua concepção da virtude como mediania e suas considerações acerca do papel do hábito e da prudência. (*Apud*, https://calazanista.blogspot.com/2020/03/virtus-in-medium-est-virtude-esta-no.html, acesso em 17 de novembro de 2011).

Lembro-me de um título curioso no livro de latim, que eu estudei no Curso Fundamental. Dizia assim: "A Rabuje de Xantipa".

Contava as desventuras do filósofo Sócrates, seu marido, ao suportar as implicâncias daquela mulher tida como rabugenta, célebre pela intransigência e pela intolerância. A mania de perfeição a teria levado a focalizar a atenção principalmente no que não estava certo, no que faltava. Em outras palavras, teria sido pessoa negativista, procurando defeitos onde bem poderia estar encontrando qualidades. Hoje se diria que buscava pelos em bola de bilhar[2]...

O caso faz lembrar a comparação feita por um autor antigo. Falava da conveniência de imitarmos as abelhas, que vão de flor em flor sugando o néctar que se transformará no mel, em vez de fazermos como os besouros ou escaravelhos, ocupados na suja atividade de rolar até suas tocas pedaços de esterco, para ali aninhar os ovos onde crescerão suas crias. Daí, com perdão da expressão, serem chamados de "rola-bostas".

Faz lembrar ainda o caso daquele homem muito positivo, que explicava o segredo de sua atitude sempre positiva. Dizia que todo dia, ao acordar, colocava para si mesmo a seguinte questão: "Posso escolher hoje ser feliz ou ser infeliz. Ora, decido ser feliz!". Assim, diante de cada escolha, aplicava coerente o mesmo princípio. "Posso desanimar ou continuar. Prefiro continuar". Ou, ainda, "Posso apavorar-me diante do perigo ou manter a calma e ser corajoso. Decido ser calmo e corajoso".

O perfeccionista é visceralmente um descontente. A meta que se propõe, o leva ao estado de constante ansiedade e frustração. Busca por hábito um desempenho afastado das possibilidades humanas. Falta-lhe bom senso, ou seja, o senso do real e mais ainda do realizável. O "real" é o que está ali diante dos olhos, capaz de ser percebido em suas duas faces, tanto a positiva quanto a negativa. Para o perfeccionista predomina em geral a negativa. Por outra parte, o "realizável" é o que pode razoavelmente ser alcançado, sem fantasias exageradas ou cobranças descabidas.

---

[2] XENOFONTE. *Ditos e feitos memoráveis de Sócrates*. Tradução de Líbero Rangel de Andrade. São Paulo, Abril Cultural, 1972. (Coleção Os Pensadores).

Volta-me à lembrança o chaveirinho de prata que ganhei em certa ocasião. Redondinho, com a face de trás lisa, trazendo na frente um baixo relevo artístico com a efígie de Santo Inácio de Loyola. Vinha, aliás, dos Países Bascos, da região onde nasceu aquele que sempre considerei um verdadeiro psicólogo, em época em que nem se sonhava com a existência da Psicologia. Contente, coloquei as chaves do carro, deixando-o no quadro de chaves da portaria de meu prédio, quando voltava para casa. Poucos meses depois, fiquei estarrecido quando o peguei para ir ao consultório. Estava com a parte de trás lascada, aparecendo o amarelo do latão! Caí então na conta de que nunca tivera um chaveiro *de prata*.

Algum tempo depois da surpresa, deu-me um estalo: poderia continuar olhando o estrago, alimentando prolongada lamentação, ou olhar o outro lado, que continuava pequena obra de arte. Veio daí nova descoberta, a saber, que *todas as coisas têm dois lados, um lascado e lamentável, outro bonito e gratificante*. Questão de escolha, questão de preferência.

Foi o caso de Thomas Alva Edison. Diante da possível frustração de ter já realizado 700 tentativas de construir a primeira lâmpada elétrica, concluiu que aquilo não era motivo de desanimar. Apenas havia aprendido 700 caminhos que não devia mais seguir para conseguir seu intento. Afinal, deu certo[3]. Outra vez, seu laboratório no Menlo Park certo dia pegou fogo. Em vez de desesperar-se, mandou chamar esposa e funcionários para assistirem ao incêndio, porque, como dizia, não teriam outra oportunidade de presenciar semelhante espetáculo. E acrescentou que seria boa oportunidade para fazerem um laboratório melhor.

Livres assim, podemos dispensar as preocupações inúteis de uma perfeição inatingível, para fazer bem feito o que merece ser

---

[3] Sobre a invenção da lâmpada filamentos incandescentes, como as que hoje em dia usamos, Thomas Edison fez nada menos de 700 experimentos infrutíferos durante longos anos. Um dia, um dos seus auxiliares, desanimado com tantos fracassos, sugeriu a Edison que desistisse de futuras tentativas, porque, depois de 700 tentativas, não havia avançado um só passo. Ao que ele respondeu: "O quê? Não avançamos um só passo? Avançamos 700 passos rumo ao êxito final! Sabemos de 700 coisas que não deram certo! Estamos para além de 700 ilusões que mantínhamos anos atrás e que hoje não nos iludem mais. E a isso você chama perda de tempo?". (Trecho do livro Huberto Rohden, Editora Martin Claret, páginas 76, 77.)

feito, sem mais. Somos seres humanos. O ótimo é inimigo do bom. Nem sejamos minimalistas e medíocres nem temos que ser perfeitos. Até computador erra, não é mesmo? Podemos ser aceitos por aquilo que somos, sem precisarmos esperar que o sejamos pelo capricho com que fazemos as coisas. Só Deus não erra, só ele é perfeito. Nós somos limitados em todos os aspectos, sem que isso diminua o valor de sermos gente.

É agradável para nós e para as pessoas de nossa convivência o fato de termos as coisas geralmente em ordem, pelo prazer natural das coisas em harmonia, assim como pela facilidade em encontrarmos mais depressa o de que precisamos. Mas nem por isso precisamos exagerar. Diante da encruzilhada de uma decisão a ser tomada, não é preciso esgotarmos absolutamente todas as razões pró e contra. Tal preciosismo só conseguiria atrasar a solução do problema, ficaríamos eternamente decidindo sem concluir o processo.

É bom explicar o ponto de que estejamos tratando, mas muita explicação acaba cansando, ao explicador e aos ouvintes. Inclusive porque quem o faz impede os demais de também colocarem seus pontos de vista. Vale lembrar aqui de novo a norma da Teoria Literária, segundo a qual um bom estilo consiste em três itens: clareza, propriedade e concisão. Quem usa as palavras apropriadas dispensa circunlóquios, economiza palavras e vai direto ao ponto.

A tendência deste *compulsor* de nos tornar a "palmatória do mundo", pela exigência de perfeição também sobre os outros, torna-se motivo de atormentarmos as pessoas que nos cercam, obrigando-as a sentir-se sempre controladas pelo nosso olhar vigilante e cobrador. Coisa sem dúvida muito desagradável, que as afasta de nosso olhar policialesco.

São interessantes as sugestões ou estratégias seguintes para a finalidade de superarmos o problema[4].

- Ter objetivos realísticos e possíveis de serem concretizados, sempre tendo como base as suas próprias vontades

---

[4] O texto abaixo é de Palazzo, Valéria Lemos in: http://www.euvejo.vc/perfeccionismo-conviccao-de-que-somente-seremos-aceitos-se-formos-perfeitos/, acesso 17 de novembro de 2021.

e necessidades, Leve em conta tudo o que já foi realizado no passado, isso permitirá que você consiga aumentar a sua autoestima.
- Dar pequenos passos. Pensar nos objetivos de maneira sequencial, mas sem rigidez.
- Experienciar os seus padrões para o sucesso. Escolher uma atividade e, em vez de apontar para 100 por cento, tentar 90, 80, ou nivelar 60 por cento de sucesso. Isso o ajudará a perceber que o mundo não termina quando não somos perfeitos, e que podemos conseguir alcançar muita coisa que desejamos, sem a necessidade de atingir 100 por cento de perfeição.
- Focalizar-se no processo de fazer uma atividade, não apenas no resultado final. Avaliar o seu sucesso não somente nos termos do que você realizou, mas também no quanto apreciou a tarefa. Reconhecer que pode haver um valor no processo de perseguir um objetivo.
- Usar os próprios sentimentos de ansiedade e depressão como oportunidades de perguntar-se: "Eu tenho colocado expectativas impossíveis para mim mesmo nesta situação?".
- Confrontar os medos que podem estar atrás de seu perfeccionismo, perguntando-se: "O que mais me dá medo nesta situação? Qual é a pior coisa que me poderia acontecer?".
- Reconhecer que muitas coisas positivas somente podem ser aprendidas cometendo-se erros. Quando errar, pergunte: "O que posso aprender com isso?". Mais especificamente, pensar em uma falha recente e listar todas as coisas que pode aprender com ela.
- Evitar o pensamento rígido em relação aos seus objetivos. Aprender a discriminar as tarefas a que quer dar maior prioridade, daquelas tarefas que são menos importantes para si. Com relação a estas, decidir colocar menos esforço daqui por diante. Uma vez que tentou estas sugestões, você pode ser capaz de perceber que o perfeccionismo

não é uma influência útil ou necessária à sua vida. Há maneiras alternativas de pensar que são mais benéficas.

- Dar uma chance a si mesmo e aos outros que estão ao seu lado; chance de descansar, aproveitar a vida e divertir-se.

FORTE OU AUTOSSUFICIENTE?
Estátuas de bronze

Propagandas de pessoas cheias de saúde trazem fotos de homens musculosos e mulheres de corpo elegante, aplicados em exercícios físicos e pilotando aparelhos sofisticados de musculação. Parecem estar acima das fraquezas comuns dos mortais, livres de preocupações, explodindo de vigor. Prósperos e autossuficientes, não precisando de ninguém, porque transbordam saúde e eterna juventude. Assemelham-se a semideuses, distantes da gente comum.

Alinham-se aqui muitas caricaturas do que sejam a *força* e o *forte*. Energia é vida, é poder de movimentar-se e de movimentar o que for preciso à volta. No entanto, o brutamonte não é um forte, é um estúpido. Quem se julga feito de aço ou de bronze é um equivocado. Quem se considera gigante pode ser apenas um micróbio mental. A força se manifesta na feitura de qualquer coisa útil, como carregar a sacola de supermercado. Ou até mesmo necessária, como levantar um ferido. Ou ainda na produção de trabalho, como transportar materiais, edificar uma casa, dirigir uma empresa, organizar um hospital de primeira classe, educar os filhos como convém.

A LIÇÃO DA FÁBULA

Conta-se que à beira de um riacho existia frondoso carvalho, orgulhoso de sua grandeza e de sua fronde. Fazia pouco caso de um caniço que ali crescia bem próximo das águas. Dizia-lhe cheio de si e com certo desprezo: "Você é um fraco, curva-se com qualquer ventinho, dobra-se porque não sabe resistir. Veja como eu sou forte e resisto firme às ventanias e aos temporais". O caniço nada respondia, encolhia-se em sua pequenez. Certa noite desabou sobre o lugar tempestade jamais vista, ventos terríveis sopraram com tanta força que sacudiram o caniço e o forçaram a quase deitar-se junto ao chão. Foram horas de luta, que a pobre erva suportou. Pela manhã o sol voltou a brilhar sobre a paragem encharcada. O caniço olhou em volta meio aturdido e ficou horrorizado ao olhar para o lado do carvalho: estava logo ali, tombado, revirado em sua folhagem despedaçada, e com as raízes à mostra[1].

A atitude corporal reflete a imagem que as pessoas fazem de si mesmas, como dizia Wilhelm Reich, afirmando que quem sabe ler o corpo sabe ler o inconsciente. A autoimagem reflete-se na postura corporal, como se transbordasse de nosso íntimo sem pedir licença. Se alguém se julga tão forte que não tem necessidade do afeto e da intimidade com os demais, acaba tornando-se corporalmente rígido e insensível, ao reprimir de algum modo as próprias emoções.

Ora, as emoções estão entre os canais básicos de extravasamento da verdadeira central de energias que é o cérebro. Encontramos, aliás, três níveis de manifestação das emoções. Suponhamos a alegria de alguém que chega a um salão de festas e enxerga do outro lado uma pessoa querida que não vê há tempos. "Sente" internamente a alegria de revê-la (primeiro nível), pode "expressar" essa emoção com um sorriso, um aceno da mão, um "Hei!", gritado ainda de longe (segundo nível) e pode em seguida dirigir-se até lá para abraçá-la e lhe dizer como está feliz em reencontrá-la (terceiro nível, o da *atuação*).

Quando, pelo contrário, as emoções são reprimidas, não encontrando maneira de expressar-se, ou por gestos ou palavras ou ações, terminam rompendo a barreira da repressão, manifes-

---

[1] "O Carvalho e o Junco". Fábula de Jean de La Fontaine, 1621-1695, poeta e fabulista francês. In: *As Mais Belas Fábulas de La Fontaine*.

tando-se no organismo em forma das mais variadas afecções ou doenças. A psicossomática chega a afirmar que praticamente toda doença significa o último recurso de nosso inconsciente para nos alertar sobre a obstrução da liberdade em viver alguma de nossas emoções naturais e orgânicas.

É comum entre os autossuficientes desprezar a experiência de sentirem emoções. Julgam-se imunizados diante da dor, da tristeza, da ternura, da alegria, da raiva e assim por diante. Julgam-se "super-homens". Fazem-se insensíveis, distantes dos sentimentos, que chamam de "fraquezas". Ora! Isso não é normal. Até os leões, os temíveis reis da selva, sabem trocar carícias entre si. Podemos ser simples, humanos, normais. É válido não nos sentirmos fortes o tempo todo. Mais que isso, a experiência da fraqueza é canal de libertação para o bom senso, já que nossa condição humana tem seus necessários limites.

O MITO DA FORÇA

Sempre houve homens muito fortes na história dos povos, porém, mais que todos sobressaiu Hércules, Héracles no grego, conforme a lenda da mitologia. Semideus, porque filho de Zeus e de Alcmena, mulher mortal, desde cedo possuiu força extraordinária. Perseguido pela deusa Hera, esposa enciumada de Zeus que o enlouqueceu e o levou a matar os próprios filhos, teve que pagar este seu crime cumprindo a pena de realizar doze trabalhos gigantescos, que se tornaram célebres.

1. *Trazer a pele do terrível leão da Nemeia*, que devastava a região do Peloponeso e que os habitantes do local não conseguiam matar. Na segunda tentativa, pois a primeira havia sido infrutífera, estrangulou-o, após com ele lutar. Arrancou-lhe então a pele com as próprias mãos e passou a utilizá-la como peça do vestuário.
2. *Matar a Hidra de Lerna*: Era uma serpente com corpo de dragão, que possuía nove cabeças (uma delas parcialmente de ouro e imortal), que se regeneravam mal eram cor-

tadas, e exalavam um vapor que matava quem estivesse por perto. Caso uma cabeça sua fosse cortada, mais duas surgiriam no lugar da antiga, ao que Hércules pediu ajuda de seu sobrinho Iolau; o herói cortava uma cabeça, e Iolau se punha a queimar o toco com uma tocha ardente, impedindo o surgimento das novas.

3. *Trazer viva a corça da Cerineia,* com chifres de ouro e pés de bronze, que corria incansável e com incrível rapidez. Habitava o monte Cerineu, na Arcádia, escondendo-se num templo da deusa Ártemis, a quem era consagrada. Na verdade, tratava-se da ninfa Taígete, que fugia da perseguição de Zeus, e fora transformada pela deusa no magnífico animal.

4. *Trazer vivo o javali de Erimanto,* que devastava os arredores: Hércules gritou na entrada da guarida do javali até que este saiu disparado e ficou preso na neve, sendo capturado pela rede do herói.

5. *Limpar os estábulos de Augias,* que continham três mil bois e há trinta anos não eram limpos. Daí, estarem extremamente, fedorentos, exalando um gás mortal. Hércules somente pôde limpá-los desviando as águas de dois rios.

6. *Espantar as estinfálidas,* monstros cujas asas, cabeça e bico eram de ferro, e que, pelo seu gigantesco tamanho, interceptavam no voo os raios do Sol. Hércules abateu muitas destas aves com suas flechas envenenadas e afugentou as restantes com castanholas de bronze feitas pelo deus Hefesto.

7. *Domar o touro de Creta,* animal enraivecido que destruía tudo na ilha de Creta, e que o rei Minos tinha pena de sacrificar.

8. *Trazer as éguas de Diomedes,* animais que vomitavam fumo e fogo, e aos quais ele dava a comer os estrangeiros. Hércules entregou-o ao canibalismo de seus próprios animais.

9. *Vencer as amazonas* e trazer o cinturão mágico de Hipólita, sua rainha, a qual foi morta pelo herói.

10. *Trazer o gado do gigante Gérion*, monstro de três corpos, seis braços e seis asas, e tomar-lhe os bois que se achavam guardados por um cão de duas cabeças, e um dragão de sete.
11. *Trazer as maçãs de ouro das Hespérides*, após matar o dragão de cem cabeças que os guardava. O dragão foi morto por Atlas, a seu pedido. Enquanto isso, Hércules sustentou o céu nos ombros, no lugar do gigante.
12. *Trazer do fundo do inferno o cão Cérbero*, guardião daquelas paragens, até a superfície. Hades, deus dos mortos e seu tio natural, autorizou-o a levar Cérbero para o cimo da Terra sob a condição de conseguir dominá-lo sem usar suas armas. Hércules lutou com ele, só com a força dos seus braços, quase o sufocou e o dominou. Durante essa tarefa o herói venceu Hades, e se tornou imortal.

ATRAVÉS DA HISTÓRIA

Muitos homens se destacaram pela força[2]. Eugen Sandow assombrou o público dos Estados Unidos da América em 1893 quando mostrou sua musculatura na *Columbian Exposition* em Chicago. É considerado o pai do fisiculturismo moderno. Sua força ajudava-o a realizar diferentes tipos de apresentações, como romper correntes. Personagens como Arnold Schwarzenegger se inspiraram em algum momento na imagem deste personagem. O "Grande" Antônio, cujo apelido era evidente, pois media 1,95 metro e pesava 210 quilos, exibia-se em vários lugares comendo até 25 frangos em um dia. O Livro Guinness dos Recordes reconheceu sua força quando puxou um trem cujo peso aproximado era de 433 toneladas. Morreu em 2003, quando começava a fazer um filme de sua vida.

André, "O gigante", considerado uma lenda dentro da luta livre profissional, a "oitava maravilha do mundo", como era conhecido; media 2,24 metros; atingiu esta altura graças a uma doença.

---

[2] Texto tirado do site https://www.mdig.com.br/index.php?itemid=13204, acesso em 17 de novembro de 2021.

Faz parte do hall da fama da WWE[3], e é recordado por ter feito grandes combates em diferentes locais do mundo, como Japão e Estados Unidos. Faleceu no ano de 1993.

Louis Cyr viveu no Canadá durante os últimos anos do século XIX. É com certeza um dos homens mais fortes que habitou esta zona do planeta, pois demonstrava sua fortaleza carregando pesos sem nenhum tipo de problema. Durante um tempo trabalhou como policial, mas decidiu-se pelo boxe e luta livre. Entre seus feitos podemos citar o arraste de quatro cavalos, bem como de um vagão de trem.

A baixa estatura de Joe Greenstein não o impediu de ser considerado em meados do século XX como um dos homens mais fortes do mundo. Gostava de dobrar barras de aço, puxar aviões com seu cabelo, morder moedas e deitar-se em camas de pregos com vários homens sobre seu corpo. Por sua habilidade recebeu o apelido de "Poderoso Átomo". Morreu no ano de 1977, deixando um legado difícil de superar.

Zishe Breitbart podia quebrar ferraduras com suas mãos e destroçar vários objetos metálicos. Trabalhou durante muito tempo em um circo, onde mostrava sua fortaleza. A mais lembrada de suas façanhas foi a de ter parado uma carroça em movimento sem realizar praticamente nenhum esforço.

Angus MacAskill, com seus 2,36 metros ganhou seu título de o "homem mais alto e forte da história". Era conhecido por suas demonstrações públicas de força; entre as mais descomunais encontram-se levantar uma âncora de 1.270 kg até a altura do peito e a capacidade de carregar barris de 135 quilos por vários metros. Levantava pesos de 50kg com dois dedos, bocejando.

OLHANDO MAIS DE PERTO

O *compulsor* aqui presente é o "Seja forte!". Em outras palavras, quem o assume julga não precisar de ninguém. Sente-se su-

---
[3] Sigla para World Wrestling Entertainment, uma empresa do ramo da luta livre nos Estados Unidos. (N. do E.)

perior a essas fraquezas de sentir compaixão, ternura, medo e coisas assim. Acha que sentir emoções é de certo modo vergonhoso, próprio de pessoas fracas, de nível inferior. Sente-se, por exemplo, imunizado diante da dor, da tristeza, da ternura, da alegria, da raiva. Julga-se "super-homem".

Há momentos em que precisamos ser fortes, muito fortes até, como na emergência de um acidente, onde não há tempo para vacilar no socorro de alguém. Ao mesmo tempo, é válido e muito realista sentirmos algumas vezes que nos escapam as forças, que nos falham os recursos e que não somos tão fortes como pensávamos. A corda de um violão, se está o tempo todo esticada, pode rebentar.

Em oposição a tal atitude, alguém me respondeu assim a um inquérito sobre o assunto:

> Não acredito nessa história de autossuficiência, pois à medida que o homem precisa de algo para ser feliz, está provada a sua dependência de alguma coisa. Ser autossuficiente significa bastar-se. E se admitirmos que precisamos uns dos outros para nos completarmos, já é um bom começo de descoberta da felicidade. Somos todos vulneráveis e temos medo de assumir nossas fraquezas. Medo não é ausência de coragem, admitir que se tem medo é uma grande prova de coragem. O homem tem sede de conhecimento e talvez por isto nunca se baste, ao ponto de sentir uma satisfação plena.

A atitude de querermos ser sempre fortes e, por consequência, independentes dos demais, nos torna frios e pouco comunicativos. Pode tornar-nos até cruéis e autoritários, a começar para conosco mesmo. Não basta dizer que estamos felizes por termos encontrado uma pessoa amiga, que há muito tempo não víamos. Podemos sim expressá-lo no rosto, nos gestos, na entonação da voz, no abraço. Igualmente, podemos deixar de lado todo ar de superioridade ou majestade, para sentirmos e mostrarmos ternura para com um bebê gracioso que diante de nós desabrocha em sorrisos. Podemos ainda, em momentos de tristeza autêntica, deixar que as lágrimas brotem de nossos olhos, porque essas lágrimas lavam a alma.

Pegam-se muito mais moscas com uma gota de mel, do que com um barril inteiro de vinagre. Dizem alguns: "Cara feia é fome". No caso do autossuficiente, é fome não confessada, fome de afeto. Andando sempre fechado em si mesmo, acaba ele passando necessidade, por não querer dar o braço a torcer. Certa época, foi feita uma propaganda para aliviar o trânsito, com o lema: "Gentileza abre caminho". Esse é o ponto. Podemos classificar tal atitude como "a lei da bolinha de borracha": jogada contra uma parede, ela volta com a força com que foi lançada, mais forte ou mais de leve. Assim, nos relacionamentos, gentileza provoca mais gentileza, enquanto que agressividade suscita grosseria.

Por falar em moscas, vem a propósito a fábula das moscas em dificuldade.

Contam que certa vez duas delas caíram num copo de leite. A primeira era forte e valente. Assim, logo ao cair nadou até a borda do copo, mas como a superfície era muito lisa e ela tinha suas asas molhadas, não conseguiu sair. Acreditando não haver saída, a mosca desanimou, parou de nadar e de se debater, e afundou. Sua companheira de infortúnio, apesar de não ser tão forte, era tenaz. Continuou a se debater, a se debater e a se debater, por tanto tempo que, aos poucos, o leite ao seu redor, com toda aquela agitação, foi se transformando e formou um pequeno nódulo de manteiga, onde a mosca conseguiu com muito esforço subir, e dali levantar voo para algum lugar seguro.

Essa história foi bastante divulgada entre as moscas da região. Aquela mosca foi convidada a ir a muitos eventos, onde dava seu testemunho. Passou a escrever artigos e livros sobre autodeterminação, autocontrole e perseverança para alcançar um objetivo. No entanto...

Tempos depois, a mosca, por descuido ou acidente, novamente caiu num copo. Como já havia aprendido em sua experiência anterior, começou a se debater, na esperança de que, no devido tempo, se salvaria. Outra mosca, passando por ali e vendo a aflição da companheira de espécie, pousou na beira do copo e gritou:
– Tem um canudo ali. Nade até lá e suba pelo canudo. A mosca

tenaz não lhe deu ouvidos, baseando-se apenas em sua experiência anterior de sucesso. Continuou a se debater e a se debater, até que, exausta, afundou no copo cheio de... água!

Quantos de nós, baseados em experiências anteriores, deixamos de notar as mudanças no ambiente e ficamos nos esforçando para alcançar os resultados esperados, até que afundamos na nossa própria falta de visão... Fazemos isto quando não conseguimos ouvir o que alguém de fora nos aponta como solução mais eficaz. Assim, perdemos a oportunidade de "reenquadrar" nossa experiência. Ficamos paralisados, presos a velhos hábitos, com medo de errar.

"Reenquadrar" é uma das ferramentas que temos oportunidade de usar no apoio ao nosso aprendizado e crescimento. "Reenquadrar" é permitir-nos olhar a situação atual, como se fosse inteiramente diferente de tudo que já vivemos. "Reenquadrar" é buscarmos ver o que acontece através de novos ângulos, de forma a percebermos que, fracasso ou sucesso, tudo pode ser encarado como aprendizagem. Desta forma, todo o medo se extingue, e toda experiência é como nova porta que pode levar-nos a continuar buscando o que queremos, à autoestima que nos sustenta[4].

SOMOS INDEPENDENTES?

Ninguém pode ser *independente* e viver à parte da sociedade. Dependemos necessariamente uns dos outros, até para sentarmos numa cadeira ou lermos um livro ou usarmos um fogão ou deitarmos em nossa cama. Para cada um desses objetos supõe-se um batalhão de pessoas, que os prepararam, venderam, compraram e trouxeram. Podemos, sim, chegar a ser autônomos – é o ideal – mas jamais seremos independentes. Dependemos uns dos outros desde que fomos gerados, aparados no momento de nascer, cuidados nas necessidades primárias de alimentação, limpeza, saúde e movimentação. Continuamos dependentes para falar, andar, ler, escrever, aprender a conviver e mais um sem fim de outras necessidades e conveniências.

---

[4] MANARINO, Marlene, Mensagem de e-mail de 23 de abril de 2012.

Não somos independentes, está certo! Mas podemos e precisamos ser *autônomos*, isto é, viver conscientes de toda a realidade, livres para sentir e decidir, até chegarmos à permissão de desfrutarmos do afeto e da intimidade com as demais pessoas. São três, portanto, os componentes da Autonomia: Consciência, liberdade e intimidade.

Começando pela *consciência*, dizemos que alguém é autônomo, se sabe onde está, sabe onde pisa, distingue os tempos e as horas, é capaz de medir as distâncias principais e reconhecer as pessoas que o(a) cercam. Mais ainda, se percebe o que lhe acontece por dentro, aquilo que está sentindo na cabeça, no estômago, nas pernas e assim por diante. Se está consciente dos próprios pensamentos e das suas reações diante dos fatos do dia-a-dia. Portanto, se tem consciência exterior e interior.

A *liberdade*, por sua vez, consiste na permissão de viver as próprias emoções e decisões. Que as emoções, agradáveis como a alegria ou desagradáveis como a tristeza, possam ter seu espaço e não sofram repressão, nem no *sentir*, nem no *expressar* (palavras e gestos) nem no *atuar* (movimentações razoáveis do corpo), como já havíamos destacado anteriormente. Lembra-se? Vamos recordar o caso: se você chegasse a uma festa e, ao entrar no salão, visse do outro lado uma pessoa querida que não encontrasse há bastante tempo. Seu coração pularia talvez de alegria, seu rosto se iluminaria, você sorriria, agitaria as mãos para ela, gritaria uma saudação calorosa e iria quase correndo em sua direção para lhe dar aquele abraço.

Também as *decisões* precisam poder acontecer. Não seria livre ou espontânea (e autônoma) a pessoa que não sabe o que quer, que se perde em dúvidas diante de uma proposta, como a de ir ou não ir a um jantar. Ou que não conclua um projeto, como o de pintar um quadro, consertar uma roupa, organizar a correspondência ou escrever um livro. Consulta pelo contrário seu bom senso, percebe que nada existe ali de prejudicial, ou para si ou para quem quer que seja (a curto, médio ou longo prazo), e define para si e consigo que vai fazer o que é preciso. Além disso – e é muito importante –, para não trapacear consigo mesma, marca o dia e a hora para fazê-lo.

A *intimidade*, terceiro elemento da autonomia, provém do latim *intus* (dentro). É a permissão de abrir o próprio coração a mais alguém, na forma de confidências, tanto de sucessos quanto de desacertos. É claro que tal confiança não se há de ter com qualquer pessoa, mas com quem a mereça, com quem possa continuar nos respeitando e amando apesar de nos conhecer em nossos limites e fraquezas, com quem saiba manter reserva e não passe adiante nossas confidências. A intimidade inclui ainda as expressões equilibradas e espontâneas de carinho, em forma de gestos e contatos corporais (abraços, beijos...), segundo os razoáveis usos de cada povo.

Ao mesmo tempo, há um paradoxo digno de nota. O máximo da Autonomia (autogoverno) só se consegue no máximo da Heteronomia (a lei que vem de outros). Ou seja, na medida em que pautamos nossa vida pelo modelo perfeito de ser gente. Ora, tal modelo nos é externo. Quem nos fez, o Criador, é quem sabe das coisas, assim como o maior perito sobre determinada máquina será sempre quem a projetou. Curiosa – e logicamente – tanto mais acertaremos com o ideal de ser gente, quanto mais descobrirmos o que Deus pensou ao nos projetar e criar. Em sua sabedoria, digna de toda consideração, Ele não apenas sabe tudo que nos convém para sermos felizes, mas também nos fez o favor de deixar claras as grandes linhas dessa realização.

Esse "mapa do tesouro" vamos encontrar na Sagrada Escritura, desde o Antigo Testamento, mas principalmente no Novo, nos Evangelhos. Porque ali, como com forte fundamento cremos os cristãos, Ele veio pessoalmente, em carne e osso, Jesus Cristo, para sinalizar os rumos da felicidade autêntica. Tanto mais seremos gente (ou autônomos) quanto mais nos parecermos com Ele, quanto mais encontrarmos e seguirmos sua orientação, ou seja, sua Vontade. Em outras palavras, quanto mais formos heterônomos.

O outro lado da moeda é negativo. Conta a lenda que um rei caiu doente, sendo aconselhado pelos sábios da corte a encontrar a camisa do homem mais feliz do mundo, vestindo a qual ficaria curado. Saíram pelo reino seus mensageiros e, após muitas dificuldades, encontraram a lavrar a terra um camponês, que passou por todos os testes sobre ser feliz. Disseram-lhe: *Você vai ser ainda mais feliz, emprestando sua camisa para o rei.* E ele, admirado, respondeu: *Mas... eu não tenho camisa!* Não é preciso muita coisa para estarmos bem. Caindo na real, de fato dependemos sem necessidade de muitas bugigangas que nos são oferecidas como essenciais para sermos felizes. *Tenha isto, tenha aquilo, compre, apresse-se porque os estoques estão se esgotando...*

A PARTILHA

Tudo que temos e tudo que somos é dom. Isto é, de algum modo nos foi dado. Ora, as coisas nossas que não são postas em comum, acabam se estragando. Torneiras não usadas começam a vazar. Sapatos esquecidos se racham. Mantimentos se estragam, até na geladeira, se lá ficarem além do prazo. O mesmo vale para nossa inteligência e nossas habilidades. Se não as exercitarmos, vamos literalmente nos apagando, candidatos prováveis à síndrome de Alzheimer. Não é à toa que atualmente se recomenda o exercício de palavras cruzadas e coisas semelhantes, para que nosso cérebro "não enferruje", como se costuma dizer. As coisas boas tornam-se valiosas na medida em que as partilhamos. Não temos vocação para ser caramujos, fechados em imaginárias carapaças.

Por mais qualidades que tenhamos, somos limitados. Chega o momento em que precisamos cair na conta de que não bastamos a nós mesmos. É muitas vezes a hora de estendermos a mão e pedirmos ajuda. Questão de bom senso. Melhor trabalharmos em equipe do que sozinhos, sem essa de pensarmos que "é melhor só do que mal acompanhado". Mais cabeças pensam melhor do que uma só.

Diferentemente e confirmando o sobredito, dizia Amir Klink, navegador solitário de tantas aventuras: *Quem tem um amigo, mesmo que um só, não importa onde se encontre, jamais sofrerá de solidão; poderá morrer de saudades, mas não estará só*[5]. A solidão pode ter a vantagem de nos despertar para a sociabilidade, como escrevia

---

[5] https://kdfrases.com/frase/91773, acesso em 17 de novembro de 2021.

Jean Jacques Rousseau: *É sobretudo na solidão que se sente a vantagem de viver com alguém que saiba pensar*[6]. Ou ainda Francis Bacon quando se pronunciava assim: *Não há solidão mais triste do que a do homem sem amizades. A falta de amigos faz com que o mundo pareça um deserto*[7]. O máximo da infelicidade foi o que denunciava Victor Hugo: *Todo o inferno está contido nesta única palavra: solidão*[8].

A jornalista e filósofa Lia Diskin, no Festival Mundial da Paz, em Florianópolis (2006), nos presenteou com o caso de uma tribo na África chamada Ubuntu. Contou de um antropólogo que estava estudando os usos e costumes da tribo. Quando ele terminou o trabalho, precisou esperar pelo transporte que o levaria até o aeroporto, de volta para casa. Sobrava-lhe muito tempo, e ele não pretendia ficar catequizando os membros da tribo; propôs então para as crianças uma brincadeira, a seu ver inofensiva. Comprou uma porção de doces e guloseimas na cidade, botou tudo num bonito cesto, com laço de fita e tudo, e o colocou debaixo de uma árvore. Aí chamou as crianças e combinou que, quando dissesse "Já!", elas deveriam sair correndo até o cesto. A que chegasse primeiro ganharia todos os doces que estavam lá dentro. As crianças se posicionaram na linha de saída que ele desenhou no chão, e esperaram pelo sinal combinado. Quando ele disse "Já!", instantaneamente todas as crianças se deram as mãos e saíram correndo em direção à árvore com o cesto. Chegando lá, começaram a distribuir os doces entre si e a comê-los felizes.

O antropólogo foi-lhes ao encontro e perguntou por que tinham ido todas juntas, se uma só poderia ficar com tudo que havia no cesto e, assim, ganhar muito mais doces. Elas simplesmente responderam: "*Ubuntu*, tio. Como uma de nós poderia ficar feliz, se todas as outras estivessem tristes?". Ele ficou desconcertado! Meses e meses trabalhara estudando a tribo, e ainda não havia compreendido a essência daquele povo. Caso contrário, jamais teria proposto uma competição. *Ubuntu* significa: "Sou quem sou

---
[6] https://kdfrases.com/frase/153110, acesso em 17 de novembro de 2021.
[7] https://www.pensador.com/frase/MTgzODE/, acesso em 17 de novembro de 2021.
[8] https://www.pensador.com/frase/MTA3NjY, acesso em 18 de novembro de 2021.

porque somos todos nós!". Atente para o detalhe: porque *somos*, não porque temos... No que diz respeito ao mundo das emoções e das atitudes internas, é muito bom pensarmos na possibilidade nada estranha de um dia fazermos a experiência da terapia – por que não? – pois não é coisa só para quem está muito mal ou é considerado louco. Na verdade, *terapia é simples estágio avançado no processo de nossa educação*. Podemos ali rever nossa caminhada, avaliar nossos acertos assim como os pontos fracos a ser superados. Isto sem falar no conforto de encontrarmos então espaço seguro onde podemos ser nós mesmos, em absoluta franqueza e liberdade.

DESFAZENDO EQUÍVOCOS

Anda muito enganado quem julga não ter problemas. Todos os temos. É verdadeiro o dito "Ninguém é bom juiz em causa própria". A tendência é adiar o momento de enfrentarmos nossa autoimagem, nossa verdadeira imagem interna. De tentarmos mascarar ou maquiar os traços menos bonitos de nossa intimidade. Até que chegue alguém e nos aponte um defeito e talvez no-lo diga na cara. Com certeza, não é preciso que esse alguém seja estúpido ao fazê-lo.

Podemos mesmo reconhecer tal pessoa como amigo, como benfeitor, como alguém que teve a coragem de passar por cima de um falso constrangimento para, daquela forma, dizer que nos ama, a ponto de nos querer mais livres. Já pensou, se você estivesse com uma mancha feia na roupa e ninguém se permitisse lha apontar? Semelhante seria o caso de sermos tão sinceramente amigos, que, por exemplo, nos permitíssemos dizer a um amigo que ele faria bem em consultar seu dentista a respeito do mau hálito. É um tanto constrangedor, é verdade, mas nosso incômodo momentâneo poderá significar sua libertação de continuar incomodando as outras pessoas de sua relação.

Todos temos traços do *compulsor* "Seja forte!", porque estamos sujeitos à influência dos modelos e exemplos que nos circundam desde a infância. Somos teimosos ou temos manias, a ponto de nos dizerem que somos como a árvore que nasceu torta e não endireita mais. Obstinação é diferente de perseverança. Mania é diferente de bons hábitos. Alguém pode continuar a ser teimoso por capricho, por rebeldia, por birra. Mas poderia fazê-lo também porque acredita ser superior aos demais no poder, ou porque secretamente despreza os que considera fracos, medrosos ou covardes.

Dizemos, porém, ser perseverante, não obstinado ou teimoso, aquele que se mostra fiel aos compromissos assumidos, aquele que é coerente com os princípios de sua consciência. Como o médico ou algum outro profissional da saúde junto ao doente em crise, insistindo em ficar a seu lado até que supere o risco de morte ou o momento de perigo. É alguém distante da preguiça ou da irresponsabilidade. Não é um frouxo, um inútil.

O superstar do basquete, Michael Jordan, fora cortado do time de basquete de sua escola, no entanto acreditou ser capaz de ser um bom jogador, lutou por seus objetivos. Foi eleito o melhor jogador da temporada da NBA por cinco vezes. Winston Churchill repetiu a sexta série. No entanto, veio a ser primeiro ministro da Inglaterra, mesmo que somente aos 62 anos de idade, depois de uma vida de perdas e recomeços. Sua maior contribuição aconteceu quando já era um "cidadão idoso". Thomas Edison, citado anteriormente, fez centenas de experiências para conseguir inventar a lâmpada elétrica. Perguntado sobre o que achava de tantos fracassos respondeu: "Não fracassei nenhuma vez. Inventei a lâmpada. Acontece que foi um processo de 2.000 passos".

Albert Einstein não sabia falar até os 4 anos de idade e só aprendeu a ler aos 7. Sua professora o qualificou como "mentalmente lerdo, não-sociável e sempre perdido em devaneios tolos". Foi expulso da escola e não foi admitido na Escola Politécnica de Zurique. Devido à formulação da teoria da relatividade tornou-se famoso mundialmente. Em seus últimos anos, sua fama excedeu a de qualquer outro cientista na cultura popular: "Einstein" tornou-se sinônimo de gênio. Foi eleito pela revista *Time* como a "Pessoa do século", e a sua face é uma das mais conhecidas em todo o mundo.

VIAJANDO NO TEMPO

Encontramos entre os latinos a palavra "força" traduzida por *virtus*, donde provém nossa expressão "virtude". Virtude é o mesmo que qualidade forte, capacidade adquirida através de dedicação e empenho, como por exemplo o virtuosismo de um pianista e a habilidade de uma ginasta de solo. Poucos sabem que aquele artista, depois de pelo menos oito anos de conservatório, continua praticando no teclado durante o mínimo de seis horas diárias, e que a atleta passa muitas horas na academia em treinos intensivos. O mesmo acontece na vida. Para que alguém, por exemplo, tenha paciência – hábito de acolher com bom senso a realidade desagradável que chega – é preciso aceitar o treinamento diário de compreender as contrariedades e de suportá-las de bom coração. Ora, isso custa esforço, energia, autodomínio. Isto é que é ser forte.

Houve quem quisesse distinguir entre virtudes fortes (assertividade, coragem, indignação e outras) e virtudes fracas (humildade, paciência, bondade e outras mais). Ora, qualquer virtude é hábito, só alcançado e confirmado por meio de treinamento mais ou menos longo. Aí se encontra muito mais força e heroísmo que em feitos vistosos.

QUESTÃO DE BOM SENSO

Temos direito de ter problemas, embora sem necessidade de fazermos coleção deles. Para os solucionar, bem podemos pedir ajuda de alguém, por ser ou mais livre ou mais competente ou mais experiente. Como diz o livro do Eclesiastes, um "barbantinho" pode ser facilmente rompido. Mas, trançado com outros dois, dificilmente se rompe[9]. Assim, melhor podemos resolver nossas pendências, pedindo ajuda. Podemos ser flexíveis, sim, e curvarnos quando não nos sentimos bem, pois não se mede o valor de alguém pela sua capacidade aparente de aguentar a dor corporal e o sofrimento interno.

---

[9] "Se um é atacado, dois resistem. Uma corda tríplice não se rompe tão depressa" (Ecl 4,12).

Há pessoas que não suportam que lhes chamem a atenção por alguma falha. Que pena! Perdem a oportunidade de receber uma ajuda preciosa, que lhes economizaria talvez anos de terapia. Claro, não é agradável sabermos que algum defeito nosso foi percebido, mas podemos considerar amiga a pessoa que teve a delicadeza e a amizade suficientes para no-lo indicar. Vale a pena engolirmos nosso orgulho e segurar tal amigo com ambas as mãos.

FAZENDO FORÇA À TOA
Esforço inútil

Incrível que alguém se esforce justamente para não dar certo! É o que acontece com a pessoa marcada pelo *compulsor* "Seja Esforçado!". Lembro o quadro de um programa humorístico da TV, onde aparecia uma idosa meio cega (na verdade um ator travestido) entrando em uma praça com um guarda-chuva fechado que lhe servia de bengala. Ao sentar-se no banco da praça gemia dramaticamente. Curiosamente, muita gente faz o mesmo na própria casa, sem ser artista de televisão.

É parecido com este o hábito involuntário da pessoa que, para escrever, vai contorcendo ou mordendo os lábios, como se tal gesto favorecesse minimamente o resultado. Parecida ainda é a gesticulação de quem, no campo de futebol ou mesmo em casa diante da TV, agita e movimenta os braços, encolhe-se como se a bola lhe viesse em cima, prende a intervalos a respiração como se fosse um dos jogadores na iminência de cabecear uma bola que vem chegando. Esforço inútil, de novo. O fenômeno é chamado de "sincinesia", bastante comum e tanto mais frequente quanto mais nos envolvemos com o que vamos presenciando.

Alguém pega na sala de espera uma revista qualquer. Percorre-a olhando as fotografias, para nas manchetes, interessa-se por algum dos assuntos. Mas apenas começa a leitura do texto. Deixa o restante para depois, um depois que geralmente nunca mais acontecerá. Chega a sua casa, possivelmente cansado com o trânsito carregado que precisou enfrentar, vai largando o paletó numa cadeira, a pasta e o jornal sobre a mesa da entrada, vai à cozinha e pega um copo de água que, depois de usado, fica sobre a pia para "alguém" depois lavar. Liga a televisão, apanha da escrivaninha uma caneta para anotar um endereço, deixando-a depois em qualquer lugar. Os sapatos "provisoriamente" ficam na sala, na expectativa de "depois" colocá-los no lugar, se é que esse lugar já existe.

Teria se livrado da bagunça semeada pela casa, se fosse fiel ao princípio: "Um lugar para cada coisa, e cada coisa no seu lugar". É claro que, ao ter esse cuidado, não deveria cultivar a meticulosidade do perfeccionista. Na verdade, costuma ser muito pequeno o esforço necessário para conservar a ordem. O contrário é desleixo, desvalorização dos próprios pertences, e até desrespeito consigo mesmo.

Em outra ocasião escrevi sobre pessoas, saudáveis aliás, mas que se esforçam mais que o necessário. Assim, para transportarem uma cadeira, parecem estar carregando um armário. Suspiram como se não aguentassem mais. Gemem para fazer qualquer esforço adicional. Franzem a testa para pensar, apertam os olhos para assistir a TV, mordem os lábios enquanto escrevem, balançam um dos pés durante as conversas. Gastam energias preciosas sem necessidade. Complicam a vida que já lhes é tão difícil.

O ADIAMENTO

Outro princípio importante e bastante conhecido: "Não deixe para depois o que pode fazer agora!". Nem é "não deixe para amanhã". Se podemos recolocar logo um livro na estante, deixar para depois é semear desordem na casa e preparar a aflição futura, quando precisarmos dele novamente, não sabendo onde o deixamos.

Coisa estranha acontece com a pessoa atingida por esse *compulsor*. Sem perceber, vai dispondo suas ações de tal modo que as coisas não deem certo. Tem instalada no inconsciente uma ordem, um comando secreto, que soa mais ou menos assim: "Você não tem o direito de ser feliz!" ou, "Você não tem direito de ter sucesso!" Incrível que pareça, o fenômeno existe, muito mais frequente do que se imagina.

Alguém poderia defender-se, lembrando o título daquele livro de Gestalt-terapia, *Não apresse o rio, ele corre sozinho*[1]. A proposta de Barry Stevens nessa obra, na realidade tem outra intenção, a de fazer uma coisa de cada vez em clima de tranquila atenção, a de focalizar atentamente um objetivo, deixando de lado quaisquer distrações e curiosidades, a de concentrar coerente e suavemente todas as energias na busca de uma realização bem-sucedida.

Em certas ocasiões não é possível ou conveniente fazer de pronto o que nos passa na cabeça, só porque nos veio uma inspiração. "Melhor ter um pássaro na mão do que dois voando", diz o provérbio. Isto é, a eficiência de nosso trabalho não deve ser prejudicada pela divisão de nossa atenção. Uma coisa de cada vez! Esse é o caso, em que vamos tomar nota da brilhante ideia, marcando para sua execução dia e hora ou, ao menos, uma data aproximada. "Dois proveitos não cabem num saco", repetia com frequência meu pai, apelando para a importância do bom senso na ordenação de nossas atividades.

COMO FICA O "AQUI E AGORA"?

Essa outra afirmação do bom senso, viver no aqui e agora, tem sido enfatizada como garantia de saúde mental e de rendimento ótimo em qualquer atividade que se pretenda eficaz. Significa de novo a concentração das forças disponíveis para a concretização do propósito sonhado, por pequeno que seja. Enquanto pensamos no projeto de uma nova casa, por exemplo, vamos controlar a imaginação para não demorarmos em devaneios sobre possíveis viagens, mesmo que estejam na ordem do dia e voltem mais de uma vez em conversas recentes com nossos amigos.

A seriedade com que alguém enfrente a coerência de suas escolhas não tira que a vida seja para ser vivida na alegria, tanto quanto possível. Podemos, com certeza, desfrutar de coisas boas à medida que ocorrem na vida diária. Só precisamos cuidar de distinguir, entre tantas coisas "importantes" – porque todas têm sua

---

[1] STEVENS, B., *Não apresse o rio, ele corre sozinho*, São Paulo, Summus, 1978.

dose de importância, sem dúvida[2] – o que afinal queremos levar a cabo. Seria frustrante termos diante dos olhos a recordação de uma série de projetos apenas começados e não terminados, parecendo uma galeria de quadros borrados.

Ia pensando no assunto, quando topei com estas linhas na Internet:

> O importante na vida é quem você ama e quem você fere. É como você se sente em relação a você mesmo. É confiança, felicidade e compaixão. É ficar do lado dos amigos e substituir o ódio por amor. O importante na vida é evitar a inveja, não querer o mal dos outros, superar a ignorância e construir a confiança. É o que você diz e o significado de suas palavras. É gostar das pessoas pelo que elas são e não pelo que têm. Acima de tudo, é escolher usar a sua vida para tocar a vida de outra pessoa de um jeito que a fará mais feliz. É acreditar em Deus. O importante na vida são suas escolhas[3].

TERMINE O QUE COMEÇOU!

Façamos de conta que alguém acabou de chegar a pé ao prédio onde mora, com a intenção de ir até a copa de seu apartamento e levar os pães para o lanche de logo mais à tarde. No caminho para o elevador, vê um aviso afixado na portaria e vai atrás do zelador para esclarecer aquele assunto não muito claro. Enquanto conversa, vê com o rabo do olho que no estacionamento do prédio seu carro está fora da vaga preferida. Larga o saco dos pães na mezinha de centro do saguão e vai manobrar o carro para recolocar o veículo no devido lugar. O carro está ainda molhado da última chuva. Toma então um pano e põe-se a enxugá-lo, quando se dá conta de que pode fazê-lo com o rádio do carro ligado. Escuta a propaganda de uma oferta de ocasião no Supermercado da esquina, larga imediatamente o pano molhado sobre o capô. O carro

---

[2] A respeito, vale conferir meu livro publicado por Edições Loyola: LACERDA, Milton Paulo de, *Paixão pela vida, dos valores ao valor*, São Paulo, Loyola, 2019.
[3] Texto datado de 1 de abril de 2007 e tirado do blog da professora Deise Rocha: http://dropsdemim.blogspot.com/, acesso 30 de maio de 2007.

fica aberto, e ele vai até a esquina para ver o artigo anunciado. Chegando à rua, passa em frente da banca de jornais, bate os olhos numa revista que não via há muito tempo e começa a folheá-la. Daí a um tempo, toca seu celular. É a esposa preocupada com sua demora... A bem dizer, ele não terminou nada do que havia começado. Por incrível que pareça, o exemplo acontece.

Continuando esta fantasia, a esposa não teve muita condição de reclamar, porque de sua parte também era adiadora costumeira. Naquele mesmo dia havia chegado um pouco mais cedo do trabalho, entrou no apartamento e deixou a bolsa sobre a mesa da sala. Descalçou por ali mesmo os sapatos que a atormentavam e sentou-se numa poltrona, pegando uma revista que lhe estava à mão. Folheando-a, viu o anúncio de uma promoção numa loja próxima de seu local de trabalho. Pegou o telefone e ficou de conversa com uma amiga que certamente se interessaria com o produto em pauta. Meia hora depois, caiu na conta de que não havia preparado o lanche da tarde e deu por falta do marido, que já devia ter chegado com os pães. Interrompeu o bate-papo com a amiga e só então telefonou para o marido, para saber o que estava acontecendo.

Ocasiões existem em que, durante determinada ocupação, nos lembramos de outra tarefa que precisa ser feita. Não faz sentido interromper a primeira, que ficaria inacabada. Será o caso de rapidamente programar o momento em que a nova possa ser feita, marcando se preciso dia e hora para tanto, e até anotando-a numa agenda para não ser esquecida. Continua importante fazer *uma coisa de cada vez, não muitas ao mesmo tempo, levando uma a uma até o fim*, a menos que a presente tarefa se prove inútil e pura perda de tempo. Certas tarefas podem ser acrescentadas, como enxugar os pratos, enquanto precisamos esperar que, por exemplo, ferva a água. Ou coisa parecida.

NÃO TENTE, FAÇA DUMA VEZ!

Há grande diferença entre tentar e fazer. *Tentar* é ameaçar o gesto, é fazer que vai mas não vai, é não sair do lugar. *Fazer* é ir mesmo, sem hesitações. É frequente ouvirmos pessoas dizendo: "Tento, mas não consigo". Por isso mesmo não conseguem, porque apenas tentam! Não tentam com a sinceridade subentendida no dizer de Thomas Edison: *Nossa maior fraqueza está em desistir. O caminho mais certo de vencer é tentar mais uma vez*[4]. Desculpam-se diante da própria consciência, convencidas de ter boa vontade, porque apenas fazem arremetidas. Não percebem que no fundo da dificuldade está a secreta proibição de terem sucesso. Boicotam o próprio resultado. O objetivo inconsciente é garantirem o absurdo de não se sentirem realizadas e felizes.

Antigo provérbio, atribuído a Lao-Tsé, dizia que "até a jornada de mil milhas começa com um pequeno passo"[5]. Corresponde ao desafio a que aludimos anteriormente, de precisarmos comer um elefante inteiro. A solução é ir comendo-o um pouco por dia! As tarefas não nos precisam assustar por serem – ou apresentarem-se – enormes. *Devagar se vai ao longe*, de grão em grão a galinha enche o papo. Feito o discernimento sobre a importância do empreendimento, convém começarmos quanto antes. Porque, deixando de lado os "entretantos", podemos passar para os "finalmente". Melhor um trabalho pronto, do que uma "maravilha" apenas sonhada.

DIFERENÇA ENTRE SONHO E VELEIDADE

Suponhamos que alguém deseja construir uma casa de campo numa estação de águas. Precisa primeiro comprar um terreno adequado e bem situado. Depois, fazer o projeto com o arquiteto. Em seguida contratar os construtores, comprar o material, pagar os empregados e tantas coisas mais. Tudo isso supõe mais que o sonho de ter aquela casa. Supõe dinheiro e tempo para tomar o rol de providências. Quando sonhamos de verdade, corremos atrás e não descansamos até conseguir. Não basta o bom desejo.

Há duas escolhas para situações desse tipo. A primeira é que ninguém tem obrigação de querer mais da vida, só porque

---

[4] https://www.pensador.com/frase/MjMyMTQ/, acesso 18 de novembro de 2021.
[5] https://www.pensador.com/frase/MTY5NTc5/, acesso 19 de novembro de 2021.

os outros o querem. Poderia contentar-se com uma vida inútil de privações, ou mesmo entregar-se a certa preguiça, fazendo de conta que quer mais. A segunda, mais razoável, é fazer uma lista honesta dos sonhos que gostaria de realizar, escolhendo os mais importantes para começar. Verificar então o que podemos fazer e o que realmente fazemos hoje, concretamente, para consegui-lo. Se temos um Plano de metas para tanto.

ENTRE O IDEAL E O POSSÍVEL

Dizer que uma coisa é "difícil" não significa que seja "impossível". *Difícil é apenas aquilo que não foi treinado*. Nada mais que isso. Há quem se acovarde diante da dificuldade de uma proposta, como aquela sobre comer um elefante. Claro, não há estômago para engolir o paquiderme de um só trago ou, ainda menos, numa única refeição. A resposta de solução é simples, como vimos: ir comendo um pedaço cada dia, porque "devagar se vai ao longe". Quem, por exemplo, acha que não tem jeito ou mão boa para fazer bolo, poderá verificar que até agora talvez só lhe faltara uma boa receita. Daí para a frente, é só ir treinando, e dará certo sempre. Uma tabuinha pirogravada, que encontrei certo dia na copa de um apartamento, dizia assim: "A vida é dura para quem é mole". Não é o caso de fugirmos das dificuldades, a menos que a proposta se prove sem sentido, uma inutilidade, pura perda de tempo.

Vale lembrar, não basta uma boa vontade que fique em rodeios vagos. É necessário termos ideias claras sobre o que queremos, saber por que motivo o queremos, que recursos temos para consegui-lo e que custos estão implicados em sua realização. Neste sentido não convém sermos apenas sonhadores, porque estaríamos sonhando quimeras. Ao mesmo tempo, as propostas devem ser tão claras que uma criança de 10 anos as entenda sem maior esforço. Se ela não as entendesse, seria sinal de que nós mesmos não as estaríamos entendendo de verdade.

Utopias, pelo contrário, são válidas para nos impulsionar para a frente, porque são ideais realistas, embora de difícil efetivação. Utopia é termo inventado por Sir Thomas More (1478), fascinado pelas empolgantes narrativas de Américo Vespúcio sobre a ilha de Fernando de Noronha, em 1503, chegando então a usar o termo como título a uma de suas obras escritas em latim por volta de 1516. Segundo a versão de vários historiadores, More daí inspirou-se para escrever sobre um lugar maravilhoso onde existiria uma sociedade perfeita.

Diferente da "quimera", a utopia bem entendida consiste não apenas num lugar ideal, mas numa vida, num futuro, ou qualquer outro tipo de coisa, numa visão normalmente diferente do mundo atual com suas incômodas e desnecessárias limitações. Poderia, é verdade, descambar para o utopismo, ou seja, um modo absurdamente otimista de ver as coisas do jeito que gostaríamos que fossem, simplesmente por capricho nosso, sem fundamento algum no bom senso, ou senso do real e do realizável.

AGRADOS DESAGRADÁVEIS
Entre o Sim e o Não

Uma primeira suposição, em nossa reflexão, é que você gosta de você mesmo. E que não pensa só em si, voltado para o próprio umbigo em atitude egocêntrica, imatura e infantil. Ter autoestima é fundamental, sim, significa valorizar-se adequadamente, com todo o realismo e toda a verdade, porque só assim poderá gostar também dos outros e fazê-los felizes, a começar pelos de sua casa e de sua família. Afinal, "ninguém dá o que não tem". É claro que é preciso garantir-se o necessário, para que seja válido fazer-se agradável aos demais.

Não é possível agradar todo mundo. Nem é raro nos encontrarmos diante do sério dilema de, por uma parte, querermos agradar as pessoas e, por outra, não concordarmos em algum ponto com elas. Diremos "sim" ou diremos "não"? Dizer um "Não" redondo parece violência, falta de educação ou de gentileza, ameaça de perdermos amizades e ficarmos sozinhos na vida. Vale lembrar o que escrevia Clarice Lispector sobre o assunto.

A culpa que nos abate quando proferimos um não, revela o nosso medo frente ao julgamento e à rejeição do outro. Tentamos justificar, explicar em demasia. E, na verdade, esquecemos de ficar juntos a nós mesmos. Com coerência e determinação, respeitando o espaço, o tempo e a forma de expressão do outro, podemos dizer *não* sem culpa. Mas é preciso que o nosso equilíbrio esteja presente. Que o discernimento venha para separar o joio do trigo, e saber que cada coisa é tal qual se apresenta[1].

O *sim* também pode trazer culpa. Quando dizemos sim para o mundo e negamos a vida dentro de nós. A alegria e o bem-estar. Recuamos diante da colocação do outro. Todo movimento no nosso psiquismo é dual. Tem luz e sombra, é sim e não ao mesmo tempo. Depende do nosso ponto de vista. Se eu me coloco no lugar do desejo do outro, eu não consigo lhe dizer não. Mas se eu me coloco no meu lugar de participante observador, eu consigo lhe dizer não, sem achar que lhe causei alguma infelicidade[2].

A primeira impressão é que o "Não" seria prejudicial e negativo sob todos os aspectos. No entanto é um dos primeiros aprendizados de nossa experiência infantil. Por volta dos 9 meses após o nascimento, justamente quando o bebê começa a engatinhar e a fugir do controle próximo dos mais velhos, geralmente pais e irmãos maiores, chegam-lhe da parte destes, palavras como estas: "Cuidado! Não mexa! Isso não pode!", e expressões análogas. Chegam como um tranco, como freio de mão acionado pelo instrutor de autoescola, antes que o novato no trânsito da vida cometa alguma asneira. Chegam como proibições, como obstáculos à livre expressão do pequeno ser ainda meio selvagem, que quer com toda justiça conhecer o mundo, ao qual está apenas chegando. É claro que toda verdadeira educação se faz com o *aprendizado de limites*, contanto, porém, que não se reduza a repressões arbitrárias, só para satisfazer o vezo tradicionalista daqueles possíveis "educadores".

Educadores esclarecidos ajudam a criança a fazer a diferença entre Repressão e Controle. A *repressão* significa *não pode*, não deve, não é permitido. É barreira que não deve ser transposta sem especial licença, difícil aliás de ser concedida. Ultrapassá-la seria gesto de rebeldia, digno de algum tipo de punição. A Repressão poderia ser simbolizada por algemas colocadas nos pulsos, ou por correntes nos pés impedindo de andar. Ou pelo antigo "tronco", onde os condenados ficavam presos pela cabeça e pelos pulsos entre duas peças de madeira.

---

[1] LISPECTOR, Clarice, *O Sim e o Não*, in: "Cartas de todo dia", blog de Eneida Lima.
[2] Ibidem.

Já o *controle* significa *pode, sim, mas maneire!* A comparação pode ser feita com um aparelho de som, de muitos watts de potência. Colocado num quarto, em seu maior volume poderia quebrar os vidros da janela e estourar os tímpanos de quem ali estivesse. Colocado, porém, num ginásio de esportes ou em campo aberto, teria razão de estar em sua maior potência. Controle é a atitude de permitir que nossas expressões se manifestem de maneira adequada ao momento e ao ambiente. É administração sábia da capacidade de comunicação. Nem mais nem menos que o conveniente, é *o justo meio de toda virtude*, sobre o qual já antes de Cristo falavam o já citado filósofo Aristóteles na *Ética a Nicômaco*, os poetas Horácio em suas *Sátiras*, Ovídio nas *Metamorfoses* e, depois, Santo Tomás de Aquino em sua obra, no século XII.

DISTINGUINDO CONCEITOS

Con*cordar* e dis*cordar* são palavras derivadas do latim *cor*, coração. Significam que estamos respectivamente ou *juntos* ou *separados* dos outros pelo lado mais profundo que é o coração, o sentimento, o afeto. Por isso, os atos de concordar e discordar tem consequências. Daí que dizer *sim* ou dizer *não*, acaba mexendo com nossos interlocutores, não são palavras inócuas, inocentes. Deixam marcas nos ouvidos e, mais ainda, no íntimo das pessoas que as escutam. Em parte por isso, temos também nós dificuldade de dizer *não*, porque não gostaríamos de escutá-lo, identificando essa palavra como empecilho para nossos passos e nossa felicidade.

Apesar dessas considerações, tão verdadeiras, muitos de nós sentimos dificuldade em dizer *não* diante de situações de algum modo conflitivas, como quando nos convidam a ir aonde não queremos ou a participar de alguma atividade que nos desagrada ou a comprar algo de que não precisamos. Respeitamos a tal ponto a opinião e a pessoa dos outros, que não respeitamos bastante a nós mesmos e a nossos interesses. Abrimos assim mão de nossa dignidade, seja porque estamos na presença de alguém que julgamos mais importante, seja porque nos acovardamos diante de caras feias, seja porque fantasiamos ameaças vindas de alguma outra fonte fora de nós.

Uma forma ou modalidade de querer agradar sempre os outros é a do lisonjeador ou bajulador, vulgarmente chamado de "puxa-saco" ou "capacho". Movido por interesse geralmente político-partidário, mostra-se serviçal, extremamente prestativo e subserviente, a fim de ganhar as graças da pessoa que lhe poderá depois favorecer algum cargo rendoso, alguma melhoria na posição social, ou maior prestígio nas rodas da sociedade. Toma atitudes postiças de gentileza e fala palavras carregadas de falsidade, embora traga consigo, o tempo todo, imensa insegurança pelo receio de perder pontos e ser alijado e rejeitado das vantagens que espera conseguir. Tal pessoa vive orbitando em torno de outras, sem verdadeira liberdade de ser ela mesma.

Já na antiguidade Epicteto dizia que um adulador parece-se com um amigo, assim como um lobo se parece com um cão. Faríamos bem em cuidar, então, em não admitir inadvertidamente, em nossa casa, lobos famintos em vez de cães de guarda. Shakespeare também se pronunciou a respeito, dizendo: *Aquele que gosta de ser adulado é digno do adulador*[3].

Na verdade, é importante sentir-nos à vontade para dizer eventualmente "Não, não posso agora, não quero nem agora nem depois" e coisas semelhantes. Por mais que gostemos de alguém, precisamos preservar o direito de decidirmos pela nossa própria cabeça, por aquilo que seja mais verdadeiro e justo, por aquilo que não nos prejudique nem prejudique outras pessoas, a curto, médio ou longo prazo. Que continuemos livres para fazer o que quisermos, sem sentir pena de quem possa não gostar de nossas decisões. É claro que não precisamos viver contrariando todo mundo, pela simples intenção de afirmar nossa personalidade. Seria lamentável. Algo de adolescente mal-educado. Basta que sejamos nós mesmos, conscientes e coerentes. Não somos responsáveis pelo que os outros possam sentir com isso.

---

[3] https://www.pensador.com/frase/Mjc3/, acesso em 19 de novembro de 2021.

GARANTINDO NOSSA AUTOESTIMA

Temos defeitos como todos os demais, direito que nos assiste, embora valha a pena procurarmos a superação deles. Mas também é verdade que temos muitas qualidades e valores, não poucos, aliás, para sermos sinceros. Nossa autoestima não pode depender da opinião dos outros. O que pensam a nosso respeito é responsabilidade de cada um, não problema nosso, se não damos motivos para isso. "Vale quanto pesa!" Convém dar atenção ao que dizem, porque não somos perfeitos. Se tiverem razão, será boa oportunidade para nos corrigirmos. O importante é sermos honestos a nosso respeito. Podemos continuar nos estimando, valorizando e amando por tudo de bom que somos e fazemos.

Lembro o caso daquele professor da língua latina. Era excelente, a ponto de falar nas aulas em correntíssimo estilo ciceroniano, como se aquela fosse sua língua pátria. Ao mesmo tempo, porém, era muito exigente na ordem e rigoroso na disciplina, causando em certas ocasiões um clima desagradável para a convivência. Certo dia um aluno foi procurá-lo em sua sala e lhe falou francamente sobre esse jeito seu. Ele o escutou sem interromper e, para surpresa do aluno, agradeceu-lhe a franqueza e acrescentou: "Hoje vou rezar meu terço nas suas intenções, porque desde muito tempo fiz o propósito de rezar por quem me avise de meus defeitos". O aluno saiu meio aturdido da experiência, parecendo soar-lhe aos ouvidos o provérbio: "Foi buscar lã, e saiu tosquiado".

Em outra ocasião eu escrevia com minha esposa[4]:

Aprendemos a gostar de nós mesmos a partir da estima que nos mostram as pessoas grandes que cercam nossa infância. É de pequenino que se torce o pepino, afirma a sabedoria popular. De pequenos é que vamos percebendo se as pessoas gostam de nós ou não, se nos deixam esquecidos em algum canto da casa e da vida, ou se, pelo contrário nos chamam com certa frequência, nos convidam para passear ou brincar, se valorizam nossas pequeninas ideias e tomam a sério as ingênuas

---

[4] LACERDA, Catarina Augusta e LACERDA, Milton Paulo de, *Permissão para amar e ser amado*, Petrópolis, Vozes, 2006.

opiniões com que nos vamos expondo. Em uma palavra, se levam em consideração nossa frágil existência.

É muito séria a questão de fazermos comparações. Sendo todos diferentes, o que importa não é julgar os demais pelos nossos padrões, nem julgar a nós mesmos pelos padrões dos outros, porque também nós somos únicos. Cada pessoa é válida do jeito que é, sem com isso estarmos justificando os erros vindos de sua possível má vontade. Não existe um padrão único de beleza ou de comportamento, assim como mudam as modas e os costumes através dos séculos. Existem preferências por time de futebol, por tipo de música, por moda de se vestir, por espécie de alimentos ou perfumes.

Isto não quer dizer que vale tudo, que não existam valores perenes provenientes da própria natureza e não de nossos caprichos. Basta pensar na Justiça: quem duvida de sua importância, seja qual for a época da História da Humanidade? O mesmo quanto à Verdade: como se pode viver em paz e harmonia, se as pessoas se põem a mentir a torto e a direito? E quanto ao Amor: está latente no coração humano o desejo permanente de amar e ser amado, de ser querido e de querer o bem e a felicidade, para si e para os outros.

"Quem não deve não teme", lembra o ditado. Podemos dizer "Não" sem nos sentir culpados, porque nossa principal obrigação é a de sermos fiéis a nós mesmos, por amor à verdade, conscientes da afirmação do Mestre dos mestres: "Conhecereis a verdade, e a verdade vos libertará!" (Jo 8,32). Não vamos dizer "sim", quando queremos dizer "não". Afinal, não somos vaquinhas de presépio, balançando afirmativamente a cabeça e concordando com quaisquer propostas alheias. É preferível dizer um *não* redondo, a dizer um *sim* com reticências. Não precisamos nos desculpar, quando achamos que não podemos nem queremos fazer alguma coisa. Basta nos escusarmos com simplicidade, tranquilamente.

QUESTÃO DE RESPEITO

Quem não se respeita, não saberá impor limites. As pessoas como que possuem um radar para perceber quem não se sabe fazer respeitar. Daí que não lhe dão importância, não lhe dão chances para nada, quando não fazem "gato e sapato" do infeliz, como dizem, usando e abusando de sua pessoa. Um amigo meu havia escrito obra bastante interessante sobre psicologia, fruto de pesquisa e dedicação. Achou por bem pedir a uma colega, formada há mais tempo, que lesse o original e lhe desse um retorno, pois gostaria de publicá-lo oportunamente. A colega foi protelando a entrega durante muitos meses, dando desculpa de falta de tempo, procurando sempre amenizar a demora com explicações envoltas em alguma brincadeirinha sem graça. Talvez meu amigo tivesse precisado respeitar-se mais, definindo um prazo para a devolução. Para ser assertivo teria bastado ser firme, sem necessidade de ser agressivo nem, muito menos, estúpido.

É evidente a diferença entre ser humilde e ser trouxa. Ser *humilde* não é abaixar a cabeça por covardia diante de possíveis desaforos, ou por força da timidez perante personagens tidas como muito importantes. É, sim, ter os pés bem firmes no chão da realidade, é ter contato com o "húmus", chão em latim, significando o senso do real e do realizável, o bom senso e a objetividade. Pois, afinal, tudo isto é a mesma coisa. Ser *trouxa* é ser bobo dos outros, é ser joguete manipulável, é não usar a cabeça que tem para chegar a pensamentos, decisões e critérios próprios. Quando entram em jogos direitos de terceiros ou prejuízos para a própria fama, é importante tomar posição na defesa desses valores.

CARREGAR NO COLO QUEM TEM PERNAS PARA ANDAR?

É muito comum entre pessoas educadas e de bom coração ser sensíveis às necessidades dos outros, sentir pena deles quando percebem estar em dificuldades. É o caso do colega de escritório que quer ajudar ao que lida com o computador que travou, embora sabendo que este conhece muito bem informática. É o caso da professora que, num excesso de boa vontade, explica o ponto e explica de novo ao aluno, como se ele fosse incapaz de compreender as coisas. É a situação da mãe ansiosa, que acha ter que mostrar à filha adolescente a necessidade de levar mais agasalho por causa do frio, desconsiderando a competência suficiente da garota para cuidar de si mesma, pelo menos em casos assim.

Todas estas pessoas – e muitas outras que poderiam ser lembradas – querem *salvar quem não precisa ser salvo*. Querem certamente ser agradáveis, querem sentir-se úteis, querem bem a seus pretensos "assistidos". Só que não tem em conta estarem exagerando na oferta e colocando os outros em plano de inferioridade. Nem é preciso nem conveniente fazer pelos outros o que estes bem podem fazer por si mesmos. Não se trata de promover o egoísmo, porque o próprio do egoísmo é pensar exclusivamente em si mesmo, deixando que os outros se lixem e vão para o inferno.

É inclusive educativo permitir que eles muitas vezes se virem sozinhos, porque cada um só aprende a viver fazendo as coisas por si mesmo, assim como não aprenderíamos a nadar contentando-nos com uma explicação por telefone ou com ler um manual explicativo sobre esse esporte. Nem se trata de falharmos na generosidade, virtude da qual é próprio dar sem contar, na pura gratuidade. Trata-se mais de não favorecermos aos outros uma certa – ou evidente – vagabundagem, enquanto lhes impedimos a oportunidade de exercitarem suas qualidades e crescerem através do natural esforço do trabalho pessoal. Haja discernimento para não exagerarmos para mais ou para menos!

Não é o caso de querermos agradar sempre, porque acabaríamos sendo injustos conosco mesmos e com os demais.

RELAXE PARA SER FELIZ!

Quem vive correndo acaba tropeçando em alguma coisa e se espatifando no chão. Dizer que "a vida é uma correria" soa para muitos como autoelogio. Julgam que a pressa é sinal de serem pessoas de grande atividade, de resultados abundantes, de realizações incalculáveis, fora do comum. Por isso, sentem-se pertencentes à categoria social dos excelentes, dos afortunados, dos bem-sucedidos.

Tais pessoas não respeitam o próprio ritmo, já que o compasso que as comanda situa-se do lado de fora. Não são donas da própria cadência, caminham sob o impulso de uma questionável ideologia. Tornam-se marionetes, saltando e pulando ao sabor de uma sociedade perturbada, que faz da pressa um equivocado elemento de sobrevivência. Vivem aflitas e ansiosas, comandadas pelo toque autoritário do tempo. Alguém já disse que engoliram algum relógio quando pequenas. O *compulsor* em questão pode ser assim expresso: "Seja apressado!".

Tempos atrás, a preguiça era considerada "pecado capital", pois favorecia o desdobramento de outros pecados, em decorrência de sua maldade, que era preciso combater. Assim refletia um grupo de moralistas em reunião informal. Agora, a preguiça deixou de ser pecado capital. Ao contrário, passou esta condição para a pressa.

Pois no contexto de pós-modernidade em que nos encontramos, todo mundo vive sempre apressado, atropelado por tantas coisas a fazer. Não sobra tempo para mais nada. Acham todos que o requisito da felicidade é dar plena conta das solicitações agendadas, inclusive de outras não agendadas. Com isto, o que antes parecia virtude, traduzida em laboriosidade, acabou tornando-se vício, obsessão de fazer sempre mais, para ter mais, e acabar se iludindo mais!

O que antes parecia vício, traduzido em ócio em decorrência da preguiça, começa agora a despontar como virtude de quem relativiza o fazer, para refletir e assimilar melhor os verdadeiros valores que a vida apresenta.

Desta maneira, a preguiça teria passado sua condição de pecado capital para a pressa! A pressa de ganhar mais do que os outros, de passar os outros para trás, de gastar a vida buscando coisas que em vez de ajudar, acabam prejudicando a verdadeira realização das pessoas. Dá o que pensar!

E concluíam dizendo que nem precisamos estigmatizar a preguiça nem a pressa. Contanto que saibamos colocar nosso empenho pessoal em fazer o que mais nos identifica e nos realiza, que é o desafio de acolher dentro de nós a dimensão do mistério da vida, do jeito que somos capazes de fazer. Contanto que empenhemos nisto o melhor dos nossos esforços.

Por outra parte, agravando o dilema entre correr ou relaxar, os congestionamentos de trânsito preocupam os habitantes de grandes cidades como São Paulo, onde em certos dias chegam a mais de 200 quilômetros, com a enorme quantidade de automóveis arrastando-se como lesmas pelas vias principais.

O caso de uma mãe de família, entre muitíssimos outros, vem narrado na reportagem de um jornal de grande circulação[1].

Gabriel, 7, e *Larissa*, 10, já assistiram a novela *Carrossel*, brincaram, jantaram (o pai preparou a comida: arroz, feijão, *nuggets* e linguiça), fizeram a lição de casa e nada de a mãe chegar. Passa das 20h40 de quinta e a executiva *Sueli Dias e Silva*, 44, ainda está no trânsito de São Paulo.

É no trânsito que *Sueli*, diretora financeira de uma multinacional, gasta boa parte de seu tempo. São ao menos duas horas por dia, ou 400 horas por ano (a considerar cerca de 200 dias trabalhados), algo como 17 dias do ano – ou 267 idas ao cinema.

---

[1] Reportagem na *Folha de São Paulo* de 03 de junho de 2012, por Ricardo Gallo.

"É muito tempo. Chego em casa cansada. Não consigo fazer academia, ficar com os meus filhos". Ela trabalha na *Berrini*, principal centro empresarial da cidade, na zona oeste, e mora a 23 km dali, no Tatuapé, na zona leste.

Enquanto a vida corre, a executiva está parada no trânsito, o que, em São Paulo, se torna mais regra do que exceção: pesquisa do IBGE divulgada em abril aponta que, tal qual para *Sueli*, um a cada quatro moradores da cidade perde entre uma e duas horas ao ir para o trabalho, de carro, ônibus ou metrô – sem contar o tempo da volta.

Há quem se adapte: *Sueli* decidiu ficar mais no escritório até passar o rush da tarde. *Fernando Cardoso*, 28, relações públicas, usa as duas horas que passa no carro para estudar idiomas – já fez inglês e francês dessa maneira.

"Minha maior angústia é quando calculo o tempo perdido. Perco umas dez horas no trânsito por semana. São horas mortas, em que dava para fazer academia, um curso de aperfeiçoamento... é um tempo jogado no lixo".

CORRENDO RISCOS

Indivíduos apressados facilmente tornam-se estabanados, esbarrando em pessoas e móveis, sem tempo suficiente para calcular os próximos passos e administrar os próprios movimentos. Os braços e as pernas, acelerados, agitam-se fora de controle, fazendo que de repente aconteçam pequenos ou maiores acidentes. Como se diz, a pressa não encurta as distâncias, apenas cria situações de risco.

Também internamente a pressa ocasiona problemas. Faz subir a pressão arterial, descontrolando os batimentos cardíacos e sobrecarregando o coração. Gregório Marañon dizia que "A rapidez, que é uma virtude, gera um vício, que é a pressa"[2]. Claro, não se trata aqui dos exercícios físicos feitos com método apropriado e tempo limitado. Estes são benéficos para o organismo, necessários para a manutenção do equilíbrio geral. Quem faz caminhadas em

---

[2] www.portaldaliteratura.com/pensamentos.php?id=1631, acesso em 19 de novembro de 2021.

passo firme ou corre com orientação médica, está fazendo grande benefício para si mesmo. O sedentarismo, pelo contrário, é armadilha para pegar os incautos e criar problemas sérios a meio prazo.

Dizem os cardiologistas[3] que a vida sedentária provoca literalmente o desuso dos sistemas funcionais. O aparelho locomotor e os demais órgãos e sistemas solicitados durante as várias formas de atividade física entram em um processo de regressão funcional, caracterizando, no caso dos músculos esqueléticos, um fenômeno associado à atrofia das fibras musculares, à perda da flexibilidade articular, além do comprometimento funcional de vários órgãos. O sedentarismo é a principal causa do aumento da incidência de várias doenças. Hipertensão arterial, diabetes, obesidade, ansiedade, aumento do colesterol, infarto do miocárdio, são alguns dos exemplos das doenças às quais o indivíduo sedentário se expõe.

Cerca de 70% da população mundial sofre os riscos do sedentarismo, responsável por mais de 50% das mortes por infarto. A falta de exercício pode ser um fator de risco tão grave para o coração, quanto a hipertensão, diabetes, tabagismo, colesterol alto ou obesidade e, se associado a estes, pior ainda. Para se ter uma ideia, de acordo com os dados da Organização Mundial de Saúde, 70% da população mundial é sedentária. E a falta de atividade física, somada a uma alimentação não balanceada, é responsável por 54% do número de mortes por infarto. Já um estilo de vida ativo pode ajudar a reduzir o risco de morte em até 40%.

Isso porque a atividade física ajuda a baixar os níveis de colesterol e melhorar o controle do diabetes, além de auxiliar no equilíbrio da pressão arterial e melhorar a capacidade respiratória. São atividades simples, como caminhada, corrida, natação ou andar de bicicleta, que podem salvar muitas vidas. O ideal, segundo os parâmetros da Sociedade Brasileira de Cardiologia, é praticar uma atividade aeróbica pelo menos quatro dias por semana, com um mínimo de 40 minutos de duração, que podem ser divididos em dois ou três períodos diários. Antes de iniciar seu programa

---

[3] Minosso, Tania, N. V., *Os riscos da vida sedentária*, Portal Exercitando Saúde. Gomes, Patrícia, *Os riscos de ficar parado*, Portal da Educação.

de atividade física é muito importante um bom *check-up* do coração, um eletrocardiograma, o teste de esforço e a consulta com um cardiologista. Este cuidado pode dar muito mais segurança ao exercício, para prevenção cardíaca.

Outro ditado avisa com propriedade: "Quem semeia ventos, colhe tempestades"[4]. Em primeiro lugar refere-se aos agressivos, aos provocadores de desentendimentos entre pessoas, causando reações desagradáveis para o próprio sujeito que as provocou. Geralmente a agressividade provém da atitude de insegurança em que a pessoa se encontra. Defende-se de um suposto perigo, atacando antes de ser atacado, pois acredita estar se aproximando algum tipo de agressão.

Outra razão da agressividade pode ser um mal disfarçado sentimento de culpa. A pessoa, atormentada de há muito por cobranças do passado, internalizadas em nível menos consciente, pode estar tentando desajeitadamente desculpar-se e, pela agressão, novamente compensar-se de sua situação de inferioridade. Entretanto, o ditado vale também para os apressadinhos de plantão, porque, na pressa e no atabalhoamento, vão semeando oportunidades de desencontro. Suas palavras e seus gestos, rápidos demais, são prato cheio para criar mal-entendidos.

Outro problema para os apressados é que ficam miopemente focados num objetivo muito limitado, como as antas que, atacadas, investem furiosas de cabeça baixa, destruindo o que lhes fica pela frente. Com isso, tais pessoas não percebem uma porção de coisas interessantes e valiosas que vão ficando pelas margens do caminho, não desfrutam de tanta coisa bela que lhes poderia ser motivo de conforto e alegria. Uma cabeça tranquila, treinada em focalizar o conjunto das realidades, especialmente o seu lado bonito, seria com certeza muito mais feliz. Um coração despreocupado poderia trazer-lhes uma vida mais leve e digna de se viver. Vida menos amarga, menos triste, menos frustrada.

---

[4] Remonta pelo menos ao século VIII antes de Cristo e vem do livro do profeta Oseias: "Como eles semeiam ventos, colherão tempestades: trigais que não darão espigas e que não produzirão farinha; se algo produzirem, o invasor abocanhará" (Os 8,7).

O MOMENTO PRESENTE

Por volta do século V antes de Cristo, o filósofo grego Heráclito celebrizou-se pela ousada afirmação de que "tudo flui, e nada permanece"[5]. Era tido como o Obscuro, trazendo à baila conceitos novos sobre o futuro da existência de todas as realidades, inclusive as do ser humano. Baseava-se no fato de que todas as coisas estão sujeitas a incessante transformação, concluindo que dificilmente se pode identificar alguma delas. Explicava, porém, que devia existir uma lei interna desse devir, suficiente para entendermos a fluidez das coisas. Seria a lei do fogo eterno, como constitutivo do próprio universo, motivado pelo choque de contrários, tendo como resultado final uma harmonia dinâmica.

Filosofias à parte, podemos identificar três tempos em nossa experiência do dia a dia. Existe um *passado*, do qual podemos recordar inúmeros pormenores, dependendo da memória mais ou menos feliz de cada um. Existe um **futuro**, que pouco a pouco vai acontecendo sem nos pedir licença. Ele é quase nunca previsível, conscientes que somos de não termos "bola de cristal". Podemos, no máximo, adivinhar os caminhos do futuro através dos indícios colhidos nas experiências anteriores. Só nos resta, então, o *presente*, realmente fluido, que nos escapa por entre os dedos como a areia fina que não conseguimos carregar integralmente de um lado para outro na concha de nossas mãos.

Desde os poetas e músicos até os filósofos de todos os naipes, fala-se do "aqui e agora", como o marco fundamental de nossa segurança, o corrimão escorregadio em que podemos apoiar nossa experiência de estar vivendo uma vida real e concreta.

---

[5] "Heráclito inaugura uma maneira de pensar o surgimento do Universo diferente da que fazia os jônicos e pitagóricos, pois, enquanto esses apresentavam uma unidade material como elemento originário de tudo, Heráclito depositou a sua especulação em um elemento (o fogo), por sua capacidade de movimentar, agitar e transformar as coisas. Segundo esse pensador, o mundo e a natureza são constantes movimentos. Tudo muda o tempo todo, e o fluxo perpétuo (movimento constante) é a principal característica da natureza". https://brasilescola.uol.com.br/filosofia/heraclito.htm#:~:text=Her%C3%A1clito%20inaugura%20uma%20maneira%20de,capacidade%20de%20movimentar%2C%20agitar%20e, acesso em 19 de novembro de 2021.

DO LADO DE PSICÓLOGOS E PENSADORES

À mesma conclusão vamos chegando ao entrar em contato, por exemplo, com a Gestalt-terapia, linha fenomenológica existencial, uma das formas da Psicologia Humanista, centrada na percepção (*awareness*) do indivíduo. O essencial na experiência é o aqui e o agora. De algum modo estão ali o passado, o presente e o futuro, o meu self e os meus projetos. O objetivo dessa linha, mais que percorrer uma terapia, é proporcionar uma forma de crescimento, a partir do contato mais consciente possível com a realidade de cada momento da vida.

Ora, como será possível consegui-lo sem a atenção fixa no presente. É nele que podemos plantar as sementes que brotarão e darão frutos no futuro. Haveremos de colher o que tivermos semeado. Esse é o momento delicado e responsável de que dependerá nossa felicidade mais adiante. Por isso, não dá para viver esse tempo às carreiras, passando por ele como gatos sobre brasas.

Filósofos do zen budismo assim se expressaram:

Não siga o passado, não se perca no futuro. O passado não existe mais, o futuro ainda não chegou. Observando profundamente a vida como ela é, aqui e agora, é que permanecemos equilibrados e livres *(Bhaddekaratta Sutra)*[6].

Ou ainda:

Não se apresse em acreditar em nada, mesmo se estiver escrito nas escrituras sagradas. Não se apresse em acreditar em nada, só porque foi um professor famoso que disse. Não acredite em nada apenas porque a maioria concordou que é a verdade. Não acredite em mim. Você deveria testar qualquer coisa que as pessoas dizem através de sua própria experiência, antes de aceitar ou rejeitar algo *(Siddartha Gautama, o Buddha, Kalama Sutra 17:49)*[7].

---

[6] https://estejaquieagora.blogspot.com/, acesso em 19 de novembro de 2021.
[7] http://www.viverconsciente.com/textos/budismo_e_ciencia.htm, acesso em 19 de novembro de 2021.

PRIMÁRIOS E SECUNDÁRIOS

As reações imediatas e breves em duração são próprias dos indivíduos tidos como *primários*. São rápidos para rir e para chorar, mas logo, logo, estão "prontos para outra". Já as reações lentas e prolongadas caracterizam os indivíduos chamados *secundários*, os que demoram mais para vibrar e ficam mais tempo no sentimento de festa ou de tristeza. Ambos estão certos, porque esse é o jeito de cada um. São duas formas "normais" de ser. Nem por isso um é melhor que o outro. E é importante sabê-lo, para podermos entender-nos uns aos outros em mais essa diferença de personalidade. Pode haver certa margem na educação dessas tendências, de modo a melhor nos acertarmos mutuamente, quando convivemos com pessoas de outro ritmo, sem que precisemos nos violentar com uma imitação forçada.

Isto vale tanto para os indivíduos lentos e pesadões, quanto para os ligeirinhos e apressados.

VAMOS DEVAGAR PORQUE ESTOU COM PRESSA

É melhor fazermos uma coisa depois da outra. É bom que tenhamos muitas ideias, mas não ajuda em nada ficarmos pensando em outros compromissos enquanto fazemos determinada tarefa. A divisão interna em nossa mente acaba interferindo na eficácia da ação presente. Nem uma nem outra saem como convém. Diz a sabedoria popular: "Quem se apressa come cru". Uma criança com uma caixa de bombons não precisa mordiscar todos os pedaços avidamente, pois perderia o prazer que poderia ter em cada um, ao saboreá-los sem pressa, um depois do outro. O tempo é nosso, não precisamos correr, para podermos ir desfrutando de cada coisa, em toda sua duração, na medida em que vai aparecendo.

Aliás, o tempo não deve ser medido pelo *número* de realizações, mas pela *profundidade* de seu aproveitamento. Parece não ser razoável que a criança dos bombons, acima lembrada, fosse dando apenas pequena mordida em cada um deles. Não os estaria comendo, só estaria demonstrando ansiedade, sem mais razão que a falta de bom senso. O tempo também não deve ser medido pelo *lucro* financeiro que nos possa trazer. Não é tão válido assim o conhecido provérbio "Tempo é dinheiro". O que importa é a dose de felicidade que nossas ações podem trazer para nós e para o maior número de pessoas. Mais que o dinheiro, *o bem comum* é a motivação e o critério para nossas atividades. Casa construída às pressas corre o risco de desabar, assim como, pelo contrário, a madeira de lei, boa para construções sólidas, precisa de muitos anos para crescer.

Hoje em dia os relógios tornaram-se tão acessíveis que todos podem ter o seu. Usá-lo pode ajudar a organização de nosso dia. Nem por isso vamos tornar-nos escravos dele. Os meios de comunicação nos oferecem um sem número de convites para sair de casa, para viajar, para ir ao teatro, para passear pelos Shopping Centers e muito mais. Não temos condição de dar conta de responder a tantos apelos. Daí que alguns, percebendo que *tempo é questão de preferência*, e inconformados com os inevitáveis limites para suas escolhas, lamentam-se com frequência que não tem tempo, que a vida é uma correria e outras falas do tipo. Com isso, onde fica a alegria da vida? Assim como não convém desperdiçarmos o tempo, numa vida relativamente breve como é a nossa, é importante não nos deixarmos arrastar por essa onda de lamúrias e pessimismo, que serve apenas para nos lançar na depressão.

RESPEITANDO A NÓS MESMOS

Vale a pena sermos pontuais. Questão de respeito pelos outros e por nós mesmos. Nem por isso precisamos andar às carreiras, como quem vai tirar o pai da forca, segundo o ditado. Há quem se desculpe com o congestionamento cada vez maior no trânsito de nossas cidades, abarrotadas de automóveis, ônibus, motos e bicicletas, a ponto de não sobrar mais espaço para os pedestres. A solução seria em geral sairmos mais cedo de casa.

Mesmo nos eventuais atrasos, não há por que ficarmos aflitos. Podemos muito bem confiar na compreensão das pessoas que nos esperam, pois sabem como nós das dificuldades de circulação em certas horas do dia. Queremos ser pontuais porque somos responsáveis, mas não deixamos de o ser pelo fato de o trânsito não colaborar alguma vez. "Paciência e caldo de galinha não fazem mal a ninguém".

A aflição por não aceitarem barreiras em seus empreendimentos leva muitos a tornarem-se agressivos, como os que à primeira demora metem a mão na buzina de seus carros, aparentemente os únicos interessados pela fluidez do trânsito. Ou como os que elevam a voz no telefone, reclamando desaforados pela demora na entrega da mercadoria. Reza outro proverbio: "Pegam-se mais moscas com uma gota de mel, do que com um barril inteiro de vinagre". A pressa, além de despertar em nós focos de perturbação interna, é causa de frequentes mal-entendidos e desavenças no meio social em que vivemos.

TODOS TEMOS TEMPO

Em seu *best-seller*, *Poemas para rezar*, Michel Quoist[8] traz um poema feliz com o título "Tenho tempo, Senhor", onde reflete com seu público e seus leitores sobre a verdade aparentemente óbvia de que a ninguém falta esse elemento de nossa existência.

"Toda gente se queixa de não ter tempo bastante. É que olham a vida, sua vida, com olhos humanos demais. Sempre se tem tempo de fazer o que Deus nos dá a fazer. Mas é preciso estar totalmente presente em todos os instantes que ele nos oferece". E cita a carta de Paulo aos Efésios: "Assim, pois, prestai muita atenção à vossa conduta. Comportai-vos não como insensatos a tirar bom partido do tempo presente... Não vos mostreis assim imprudentes, mas sabei ver qual é a Vontade do Senhor" (Ef 5,15-17)[9].

Uma pessoa, treinada em focalizar o lado bonito das realidades, será com certeza muito mais feliz. Um coração marcado pelo pensamento positivo tornará a vida muito mais leve e digna de se viver. Um certo grau de despreocupação, baseado na confiança na Providência de Deus, pode tornar-nos menos amargos, menos tristes, menos frustrados; antes, pelo contrário, há de rasgar horizontes de alegria e de satisfação real.

---

[8] QUOIST, Michel, *Poemas para rezar*, São Paulo, Duas Cidades, 1958, 123 ss.
[9] Id., 123.

VIRANDO-NOS POR CONTA PRÓPRIA
No reino das parasitas

Orquídeas são flores de rara beleza, dignas de exposições e concursos, numa variedade surpreendente. Crescem apoiadas ao tronco das árvores, enfeitando originalmente os bosques, para depois adornar nossos jardins. São chamadas falsas parasitas, porque não sugam a seiva da árvore hospedeira.

É também parasita nossa flora intestinal, nutrindo-se dos alimentos que ingerimos, mas por sua parte favorecendo-nos sua absorção. Trata-se aí de uma simbiose (syn + bios = vida em comum).

Há, porém, muitíssimas formas de parasitismo prejudicial, que dizem respeito ao nosso propósito atual, porque nos ajudam a entender que existe em cada um de nós a tendência de nos apoiarmos comodamente sobre os outros, para que nos sustentem e cuidem de nós, sem que precisemos fazer qualquer esforço pessoal. Tornamo-nos assim peso para os outros, além de nos sentirmos também pesados a nós mesmos. As verdadeiras parasitas enfiam suas garras através da casca das árvores para chupar o alimento de que precisam, aproveitando-se delas, levando-as muitas vezes à morte. Era assim a linda trepadeira "Orelha de Pau", que vi certa vez, florida e cheia de vigor, deixando a hospedeira ressequida e morta.

O CHUPIM

Imagem curiosa da síndrome da dependência é aquele pássaro preto, bem maior que o tico-tico, que lhe chupa os ovos ao mesmo tempo em que deposita os seus no ninho daquele passarinho. Ignorando a invasão, este choca aqueles ovos bem maiores, donde nascem filhotes enormes e esfomeados, os quais, quando um pouco mais crescidos, vão voejando grotescos atrás dessa "mãe de aluguel", piando desesperados, jamais satisfeitos com o alimento que lhes dão. Assim se parecem os que ficam dependendo dos outros, quando bem poderiam acreditar no próprio potencial e aprender a virar-se por si mesmos.

Nem digam que lhes falta coragem, porque a verdadeira coragem é disposição que todos têm. Ou seja, coragem é energia vital, sempre disponível a quem a queira usar. *O que falta não é coragem, é permissão de usá-la*. Basta estarmos vivos para termos coragem, para termos o suficiente no enfrentamento das dificuldades com dignidade e sucesso.

COMO TUDO COMEÇOU

Em geral este sentimento, misto de dependência e impotência, nasce de uma educação marcada por vários fatores. A criança pode ter sentido que eram seus pais ou educadores que tudo decidiam. Com isso, poucas ocasiões teve de resolver o *que* e *como* fazer diante dos pequeninos problemas que lhe iam acontecendo. Acostumou-se a ficar à espera de que alguém lhe decidisse a sorte e apresentasse resultados. Sentiu-se simplesmente incompetente para gerir a própria vida e, por consequência, necessitada de ter sempre alguém a lhe mostrar o caminho em cada ocasião.

Pode ter também acontecido que, por problemas iniciais de saúde, tivesse sido amparada e eventualmente superprotegida, aprendendo desse modo que o único caminho seria o da dependência. Os outros é que sabem, os outros é que podem, os outros é que tem força e habilidades para resolver os impasses do dia a dia.

Pais superprotetores ou pais autoritários e pouco esclarecidos sobre educação – o que dá quase na mesma – podem ter passado à criança a ideia de que ela é burra e incompetente. Tal coisa acontece quando a impaciência desses pretensiosos educadores prima por uma parte pela impaciência ante os erros naturais do pequeno ser e, por outra, pela ilusão de serem os donos da verdade, numa atitude petulante que desqualifica o potencial infantil ainda em germe.

SINTOMAS DESSA SÍNDROME

O resultado, nesses casos todos, é o desânimo da criança, certo apavoramento e profunda insegurança diante da vida. Como náufrago, a debater-se no oceano do desconhecido e do abandono, agarra-se como pode a quem se preste a dar-lhe apoio, como quem alcançou uma única tábua de salvação. Como viajante despreparado para atravessar bosques jamais vistos, sente-se desnorteado e sem bússola para encontrar caminhos de escape. Sente-se frágil e incapaz para enfrentar as dificuldades, que considera monstros aterradores. É como se, o tempo todo, ouvisse um comando, uma ordem, assim: "Seja dependente!". E, como consequência: "Seja parasita!".

É frequente nas pessoas mais afetadas por este *compulsor* dizerem: "Não consigo!", fórmula fácil com que pretendem descartar de pronto qualquer tipo de solução. Equivale a dizerem: Não tenho jeito, não sou capaz, não fui feito para tais coisas, não esperem de mim que faça alguma coisa, como podem querer que eu corra se eu tenho uma perna de pau, e assim por diante. Dizer "Não consigo!" significa de maneira esquiva apenas o seguinte: "Não quero!", "Não acredito em mim mesmo!", "Nem pensem que eu vá tentar!"

Usando tais expressões, a pessoa simplesmente boicota o próprio sucesso, trapaceia com a própria sorte, condena-se ao fracasso. Na verdade, na realidade, só não se consegue o que é "impossível", como por exemplo:

Ser Deus,
Não morrer,
Fazer um círculo quadrado,
Terminar antes de ter começado
Pular pela janela e sair voando

Voltar à infância, sabendo tudo que sabemos atualmente
Ficar literalmente invisível sem truques ou recursos óticos
A mula sem cabeça do folclore, que cospe fogo pelas narinas
Entrar para fora, subir para baixo, descer para cima
Morder a própria cabeça

e mais algumas poucas coisas, cuja lista seria interessante explorar, só por curiosidade. Tudo o mais será possível se descobrirmos uma boa receita e treinarmos bastante para aprender a fazer, porque, afinal de contas, ninguém nasceu sabendo. É como aquela senhora – lembra-se? – que dizia não ter mão boa para fazer bolo, mas "descobriu-se capaz" no dia em que lhe deram uma boa receita. Portanto, repetir o "Não consigo" é armadilha perigosa, é trapaça manhosa, que pode estar escondendo velada preguiça. "Até prova em contrário, dizia Pearl S. Buck, todas as coisas são possíveis – e mesmo o impossível talvez o seja apenas nesse momento"[1].

O QUE FAZER

Só ande de muletas se estiver doente das pernas. Não há necessidade de apoios extraordinários, quando temos pernas para andar ou recursos suficientes para nos virar por nós mesmos. Temos capacidade para muito mais do que imaginamos, sem necessidade de nos pendurarmos nos outros. Para provar esta afirmação, mais de uma vez fiz a seguinte experiência com grupos. Pedi que, sem tirarem os pés da posição de sentido, cada um estendesse os braços à frente, sempre paralelos um ao outro, e os fosse virando para um dos lados até onde conseguisse. Então, marcasse com o olhar algum ponto de referência dessa "conquista". Em seguida, que repetisse o mesmo exercício, agora de olhos fechados, com a condição nova de dizer primeiro a si mesmo: "Vou chegar muito mais longe do que na primeira vez". Quando chegasse ao máximo, abrisse os olhos e percebesse o novo ponto de referência. Para

---

[1] https://www.pensador.com/autor/pearl_s_buck/, acesso em 19 de novembro de 2021.

surpresa, todos verificavam que haviam conseguido ir bem mais longe que da primeira vez.

Pessoas marcadas pelo *compulsor* "Seja dependente!", ao contrário dos autossuficientes, precisam acreditar no potencial que Deus lhes colocou no íntimo das entranhas. A menos que tenham sofrido alguma lesão no sistema nervoso, o que não é o caso da grandíssima maioria, precisam desconsiderar toda ideia de incapacidade, que lhe puseram na cabeça. Dependência faz parte da vida de todos, porque não somos autossuficientes, nem mesmo para ser gerados e nascer, assim como para aprender a falar e andar e tudo o mais. Mas podemos ser *autônomos*, isto é, donos de nossos pensamentos, de nossas decisões e da maior parte de nossos afetos.

Na maioria dos casos, não permita que façam por você o que você pode fazer por si mesmo e sozinho. Faça as próprias experiências, ensaie, tente, experimente uma e outra vez, até provar a si mesmo que é capaz. Gosto de recordar a fábula da rãzinha curiosa, semelhante à da mosca acima citada, que à noite abeirou-se de um latão de leite e acabou caindo lá dentro. Debateu-se valente a noite inteira para não se afogar, até que a manhãzinha a encontrou exausta, mas salva, sobre a camada de manteiga que acabara de bater. É claro tratar-se de ficção, mas em nossa vida pode ser excelente realidade.

Como quem aciona o botão de "Ligar" numa usina geradora de eletricidade, cada um de nós pode acionar o potencial incrível depositado em nosso íntimo. Deixamos para trás o mau costume de depender dos outros exageradamente, e começamos a valorizar nossa autonomia. Somos donos de nosso próprio nariz e podemos realizar muitas coisas. Estas não precisam ser necessariamente maravilhas que deem manchetes nos jornais e façam parar de espanto a humanidade. Podemos, no entanto, provar a nós mesmos que temos dignidade e brio, que somos agradecidos ao Criador pelos inúmeros dons que colocou à nossa disposição, a fim de que, por nosso meio, o mundo se torne diferente para melhor.

Podemos repetir a nós mesmos que confiamos em nossas habilidades, que aceitamos ficar sozinhos quando necessário, acreditando que na vida tudo é processo, caminhando do menos para o mais, que Roma não se fez num dia, que um caminho de mil léguas começa com o primeiro passo, que a perseverança tudo alcança. Não precisamos fazer como as crianças que a conselho da professora plantaram um grão de feijão no algodão molhado, e depois, impacientes com a lentidão com que o broto ia se elevando, puxaram por ele para que crescesse mais depressa, conseguindo apenas que se rebentasse. Devagar se vai ao longe! Ou, como convicto escrevia o apóstolo Paulo aos cristãos de Filipos na Macedônia: "Tudo posso naquele que me torna forte!" (Fl 4,13).

SAINDO DOS PRÓPRIOS CÔMODOS

O "Mínimo Esforço" e a Ergonomia

Certo conhecido meu precisava saldar uma conta, relativa à Prefeitura de outra cidade. Como era mais perto de sua casa o Caixa Eletrônico do Banco, ali fez o pagamento e voltou para casa. Só então caiu na conta de que precisava que o comprovante do pagamento chegasse diretamente para aquela Prefeitura, a fim de evitar confusões fiscais, como, aliás, já havia acontecido. Para garantir que a notificação fosse feita com segurança, precisou dirigir-se de novo ao Banco, entrar em contato com a gerência e enviar aviso especial ao destinatário. Tudo isso, em vez de lhe economizar o tempo, pelo contrário lhe fez perder um tempo precioso. Teria sido mais acertado ir ao balcão do Caixa pessoal, logo de início.

A chamada "Lei do Mínimo Esforço", à primeira vista sugere o cuidado racional de poupar energias. Faz até lembrar a Ergonomia, ciência que começou a tomar corpo no final do século XIX, como projeto de economizar as forças do trabalhador no seu ambiente de ação, disponibilizando e organizando para isso os instrumentos e o local de trabalho. Nessa época Frederick Winslow Taylor lançou seu livro *Princípios de administração científica*[1], onde buscava a melhor maneira de executar um trabalho e suas tarefas. Mediante aumento e redução do tamanho e peso de uma pá de carvão, até

---

[1] TAYLOR, F. W., *Princípios de administração científica*, São Paulo, Atlas, 1963.

que a melhor relação fosse alcançada, Taylor triplicou a quantidade de carvão que os trabalhadores podiam carregar num dia.

O primeiro cuidado, o de evitar doenças e lesões derivadas do trabalho, foi superado pela vontade de melhorar resultados, própria da ciência da administração, chegando a aperfeiçoar métodos para tomadas mais rápidas de decisão no uso de máquinas e armas no decorrer da Segunda Guerra Mundial. Contribuíram para isso fisiologistas, psicólogos e engenheiros, principalmente com as novas demandas provenientes da era espacial. Esta criou novos problemas de ergonomia tais como a ausência de gravidade e forças gravitacionais extremas.

TENSÃO X DISTENSÃO

Tensão é o estado do que é ou se apresenta tenso, como a rigidez que se manifesta em certas partes do corpo, chamando-se então "tensão muscular". Pode também ser o desacordo nas relações entre países, classes sociais ou partidos políticos. No campo da Física, "tensão elétrica" é a diferença-para-mais do potencial elétrico, como a tensão de 110 volts ou de 220 volts. De modo semelhante se fala da pressão de um vapor, aproveitado por exemplo na movimentação de uma locomotiva ou de algum outro tipo de motor. Na Medicina se fala da "Tensão arterial", reação das artérias à pressão do sangue. Em Psicologia se fala da "Tensão do espírito", do Stress ou esforço continuado da mente. Existe um mínimo de tensão em nosso organismo, a que chamamos de "tônus muscular", uma espécie de *stand by* do inconsciente, que nos possibilita reagirmos imediatamente por ocasião de uma possível perda de equilíbrio, de modo a não cairmos redondamente ao chão.

Podemos dizer que todas as coisas estão em constante tensão, como se tal estado fosse um dos polos da vida, sempre à procura do outro lado ou do outro polo, o do relaxamento da tensão, o da "distensão". Exemplo disso é qualquer tipo de mola. Quando esticada além de sua dimensão ou, pelo contrário, pressionada, busca imediatamente voltar ao estado de repouso, tão logo se veja solta e largada a si mesma. Este fenômeno é chamado de "resiliência".

Focalizando a reflexão sob o aspecto psicológico, que é o nosso enfoque, percebemos que a tendência natural de nosso organismo é o de buscar o repouso. Este é considerado uma das emoções orgânicas ou naturais, que por isso mesmo não precisam ser aprendidas, recebendo o nome de Tranquilidade ou Bem-estar. Após cada momento de tensão psíquica, como ocorre, por exemplo, com uma reunião agitada e conflitiva, buscamos como que automaticamente o relaxamento, o alívio, a distensão, a quietação, o sossego e a serenidade, sem disso tomarmos muita consciência.

Tal mecanismo é espontâneo, sem necessidade de maiores cuidados, a não ser que nos tenhamos condicionado a viver constantemente sob tensão. Pierre Weil cita o exemplo do índio que sai à caça com arco e flechas. Ele só retira da aljava uma flecha e a estica no arco no momento em que se depara com a presa. Não faria sentido sair da aldeia já com o arco retesado. Isso denotaria absurda ansiedade, além de favorecer o rompimento da embira ou do cordel do arco. O mesmo se diria de quem sempre guarda o violão com as cordas tensas, pois logo-logo precisaria trocar algumas delas[2].

FUGINDO DAS DIFICULDADES

Esta é a reação típica da pessoa marcada especialmente por este *compulsor* "Seja comodista!" Reage quase instintivamente a toda oportunidade que lhe pareça difícil ou simplesmente custosa. Se dá trabalho, não interessa. Se custa esforço adicional, não cabe em seus programas. Tal pessoa prefere não sair da rotina, por mais tediosa que seja. Dar-lhe-ia arrepios ler até mesmo as poucas linhas que transcrevo do texto abaixo de Clarice Lispector:

> MUDANÇA
> Sente-se em outra cadeira, no outro lado da mesa. Mais tarde, mude de mesa. Quando sair, procure andar pelo outro lado da rua. Depois, mude de caminho, ande por outras ruas, calma-

---

[2] WEIL, Pierre, *O corpo fala*, Petrópolis, Vozes, 1973.

mente, observando com atenção os lugares por onde você passa. Tome outros ônibus. Mude por uns tempos o estilo das roupas. Dê os seus sapatos velhos. Procure andar descalço alguns dias. Tire uma tarde inteira para passear livremente na praia, ou no parque, e ouvir o canto dos passarinhos[3].

E assim por diante vai o texto no mesmo estilo.

SITUAÇÕES CRÍTICAS

Pessoas marcadas pelo presente *compulsor* têm muita dificuldade em enfrentar o que supõe esforço, o que pede maior diligência ou empenho. Coisas banais como descascar uma laranja ou uma manga, podem fazer que algumas pessoas deixem de lado tais frutas, ou porque o ato é um pouco demorado ou porque podem lambuzar as mãos. Ir a uma loja a dois quarteirões? Só de carro, porque não querem cansar-se caminhando. Só aceitam subir os andares de um pequeno prédio pelo elevador, evitando fazê-lo pela escada, o que até lhes faria bem à saúde. Depois de usar um copo para tomar água, deixam-no na pia – ou, pior, em qualquer lugar – para não precisarem lavá-lo. Arrumar sua mala para viagem poderá consistir em apenas ir entrouxando as peças, com o risco de esquecer coisas importantes. Apertar o tubo de pasta de dentes limita-se a pressioná-lo em qualquer lugar, deixando-o deformado. Ao buscarem estacionamento para seu carro, apressam-se a ocupar uma vaga, apesar de outra pessoa já ter chegado segundos antes. Não respondem prontamente à correspondência postal ou eletrônica, desconsiderando os interesses de quem a mandou.

Por trás desses e outros muitos exemplos, pode-se descobrir uma atitude assustadora, qual dragão de muitas cabeças. Uma destas cabeças é o minimalismo, que desqualifica tudo que se oponha ao próprio egocentrismo. Só os interesses pessoais são levados em conta. Ao mesmo tempo, deixam transparecer um ânimo apoucado, marcado por um desinteresse de base, como se nada pudesse despertar no coração um anseio, uma busca atraente, um apelo

---

[3] https://claricelispectorclarice.blogspot.com/, acesso em 19 de novembro de 2021.

para a aventura. Não descobrem em si mesmos traços de generosidade, de disponibilidade para o bem comum, de desejo de tornar o mundo melhor. "Ora, o mundo que se dane!" Outra atitude seria a de covardia, de encolhimento ou paralização diante de perigos muitas vezes imaginários. Covarde é aquele que não abre novos caminhos na vida, nem emprega as próprias forças para enfrentar obstáculos. Por outra parte, pecar pelo silêncio, quando se deveria protestar, transforma homens em covardes, lembrava Abraham Lincoln. Talvez tal pessoa tenha aprendido a reagir assim a partir de modelos da infância, principalmente de pais excessivamente temerosos. Ou pelo desencorajamento proveniente do que lhe diziam quando menor, de que não era capaz disso e daquilo, que não valia para nada, que não era confiável e assim por diante.

Vale ainda lembrar, como outra cabeça do dragão, a possibilidade de aí entrar uma ponta de preguiça, de "deixar como está para ver como fica". Aparece aqui outro aspecto do *compulsor* "Seja esforçado!" de que tratamos acima. A finalidade secreta ou inconsciente seria, de novo, a de fazer fracassar seu projeto de vida, por estranho que isso pareça! Comportamento tão bizarro seria fruto de condicionamentos e desqualificações, provenientes da primeira infância.

UM POUCO DA HISTÓRIA DA FILOSOFIA EPICURISTA

Um aluno de Sócrates, chamado Aristipo, defendia a tese de que o princípio da felicidade consiste em viver o prazer. O prazer seria o bem supremo, assim como a dor seria o mal supremo. Por volta de 300 a.C., Epicuro (341-270 a.C.) fundou em Atenas uma escola filosófica: a escola dos *epicureus*. Ele desenvolveu ainda mais a ética do prazer de Aristipo e a combinou com a teoria do átomo de Demócrito. Conta-se que os epicureus reuniam-se num jardim. Por esta razão, também eram chamados de "filósofos do jardim". Dizem também que sobre o portão de entrada do local havia a seguinte inscrição: "Forasteiro, aqui te sentirás bem. Aqui, o bem supremo é o prazer".

Epicuro também achava que o prazer em curto prazo devia ser repensado, quando estivesse em jogo um prazer maior, mais duradouro e mais intenso, a ser obtido em longo prazo. Diferentemente dos animais, o homem teria a possibilidade de planejar sua vida, porque possui a capacidade de "calcular seu prazer". Acrescentava que "prazer" não significa necessariamente satisfação dos sentidos. A amizade ou a sensação de admiração diante de uma obra de arte também podem ser muito prazerosas. E que contribuem igualmente para o prazer da vida os velhos ideais gregos de autocontrole, temperança e serenidade. Isto porque o desejo, longe de ser instinto selvagem, precisa ser controlado, e a serenidade também nos ajuda a suportar a dor.

Depois de Epicuro, muitos seguidores evoluíram no sentido da busca unilateral do prazer. Sua palavra de ordem era: "Viver o momento!". *Carpe diem*!, frase em latim de um poema de Horácio[4], popularmente traduzida para *colha o dia* ou *aproveite o momento*. É também utilizado como expressão para solicitar que se evite gastar o tempo com coisas inúteis ou como justificativa para o prazer imediato, sem consideração com o futuro.

No filme *A sociedade dos poetas mortos* (*Dead Poets society*, Estados Unidos, 1989), O personagem de Robin Williams, o professor Keating, utiliza-a assim: "Mas se você escutar bem de perto, você pode ouvi-los sussurrar o seu legado. Vá em frente, abaixe-se. Escute, está ouvindo? – *Carpe* – ouve? – *Carpe, carpe diem*, colham o dia garotos, tornem extraordinárias as suas vidas". Nesta cena do filme, o professor Keating, posto em frente a uma galeria de fotos de ex-alunos que se formaram na tradicional escola Welton, pede que os alunos se aproximem da galeria para ouvirem o espírito de seus predecessores a dizer: *carpe diem*.

A palavra "epicurista" hoje é frequentemente usada de forma pejorativa, para designar alguém que só vive pelo prazer. Pode chegar ao exagero de significar: aproveite a vida gostosa e des-

---

[4] A expressão foi cunhada pelo poeta latino Horácio no poema número 11 do primeiro livro de Odes. Dedicada a Leucônoe, a poesia é um conselho e seu último verso é *carpe diem quam minimum credula postero*, que pode ser traduzido como "colhe o dia quanto menos confia no amanhã".

preocupada, como hedonismo, porque nada há que se esperar para o futuro. Deste sentido podemos aproximar também as pessoas marcadas pelo *compulsor* "Seja comodista!".

CAMINHOS DE LIBERTAÇÃO

Dizem nossas famílias: "De pequenino se torce o pepino", querendo significar que é muito mais fácil encaminhar no bem as pessoas enquanto crianças, por serem então muito mais dóceis e moldáveis, do que pessoas crescidas em idade e cristalizadas em seus hábitos nem sempre equilibrados. A partir dessa maneira de ver a educação, várias iniciativas vêm sendo historicamente lembradas como felizes, na construção de personalidades bem ajustadas.

Uma delas é a dos escoteiros, organização infanto-juvenil criada por Lord Robert Stephenson Baden Powel em 1907, com a intenção de criar em seus corações um sistema de valores que prioriza a honra. Baseia-se na "Promessa", cujo teor, no Brasil, assim reza: *Prometo pela minha honra fazer o melhor possível para: Cumprir meus deveres para com Deus e a minha Pátria, ajudar o próximo em toda e qualquer ocasião e obedecer à Lei Escoteira,* que assim se expressa:

> O Escoteiro tem uma só palavra; sua honra vale mais que sua própria vida. O Escoteiro é leal. O Escoteiro está sempre alerta para ajudar o próximo e pratica diariamente uma boa ação. O Escoteiro é amigo de todos e irmão dos demais escoteiros. O Escoteiro é cortês. O Escoteiro é bom para os animais e as plantas. O Escoteiro é obediente e disciplinado. O Escoteiro é alegre e sorri nas dificuldades. O Escoteiro é econômico e respeita o bem alheio. O Escoteiro é limpo de corpo e alma.

Através da prática do trabalho em equipe e da vida ao ar livre, procuram fazer que o jovem assuma seu próprio crescimento, torne-se exemplo de fraternidade, lealdade, altruísmo, responsabilidade, respeito e disciplina.

Outra experiência que pude acompanhar na educação de crianças, foi a do então chamado "Pequeno Sacrifício". Elas eram estimuladas a oferecer pequenos gestos de *autodomínio por amor.*

Para entender melhor a proposta, convém antes desmistificar a palavra "sacrifício", geralmente marcada pelo significado de sofrimento. Podemos supor que vamos dar um presente de aniversário a um amigo. Na loja escolhemos algum objeto de seu interesse, pedimos que o embrulhem com papel especial, e saímos à rua com aquilo que até agora foi objeto de compra e venda. Chegados à casa do aniversariante, entregamos-lhe aquela coisa, cujo valor venal talvez nem seja tão grande, mas que nos pareceu adequado para celebrar a data. O objeto permanece *presente* lá, depois que vamos embora, significando nossa *presença* em espírito junto à pessoa a quem desejamos provar nossa amizade. O *presente*, portanto, é um símbolo, mais que outra coisa. Até o momento da entrega, era objeto "profano", isto é, comum, banal, como qualquer outra coisa. Ao entregá-lo, infundimos-lhe significado novo, a que chamamos de "sagrado" (*sacrum*, em latim). *Sacrum fácere* é tornar sagrado qualquer gesto comum. Daí vem a expressão "sacrifício", isto é, emprestar novo e especial significado às coisas banais do dia a dia.

Voltando agora ao Pequeno Sacrifício, as crianças eram motivadas a crescer afetivamente, fazendo coisas como estas: parar durante uns poucos segundos diante do filtro de água em dia muito quente, em vez de beber sofregamente, pensando em oferecer esse gesto por amor a alguém necessitado. Ou aguentar caladas por um momento, em vez de desculpar-se de pronto diante de um desaforo ou uma inverdade. Ou ainda deixar de lado qualquer queixa pelo fato de precisarem enfrentar uma tarefa desagradável na escola ou em casa. E assim por diante. Tal exercício, longe de ser coisa de crianças, era e é instrumento para gente grande. Fortalece a vontade de uma pessoa de qualquer idade, tornando-a mais pronta para tomadas de decisão na liberdade.

VIVENDO O ESSENCIAL

Como o equilibrista sobre a corda bamba, quase caindo para um lado, quase caindo para o outro, todo ser humano vive a constante propensão de exagerar e perder o prumo. Equilibrar-se é verdadeira arte, chegando a física clássica a distinguir três tipos de Equilíbrio: o *estável*, como o de um funil invertido; o *instável*, como o de um funil em pé; e o *neutro*, como o do mesmo funil, agora deitado sobre seu lado.

Algo de semelhante transparece na história do comportamento humano, no capítulo em que descrevíamos o conflito entre o Ser e o Ter. Manifesta-se aí que nosso equilíbrio é antes de tudo instável. Interessa-nos agora parar um pouco no que diz respeito ao consumismo, porque somos vítimas, todos nós, do comando "Seja consumista!". Afinal, o que é essencial na vida de alguém?

O *ser* é o primeiro tropeço. Quando William Shakespeare idealizou o drama de Hamlet, não imaginava quanto a dúvida da personagem haveria de espelhar a confusão da totalidade dos seres humanos. Não há neste mundo quem não pare, em algum momento da vida, e se pergunte sobre seu sentido. Não há que negar que estamos vivos, nem é preciso beliscar-nos ou irmos apressados para a frente do espelho, a fim de nos voltar a certeza. Mesmo assim, a pergunta volta inúmeras vezes: "Quem sou eu?", "Que se espera de mim?", "Que estou fazendo por aqui... e, para que?"

Parece óbvio que *ser* é o mais importante, e que *existir* é o essencial. Ninguém pode *ter* coisas sem primeiramente existir. Assim como só se pode falar de telhado, quando existe por baixo, previamente, alguma construção ou casa. No entanto, uma coisa é *ser* e outra *parecer*. Uma coisa é a superfície e outra a profundidade. Esta verdade fica mais clara lembrando o caso do discípulo de Zeuzis, pintor da Grécia antiga, que encarregara os alunos a apresentarem um quadro como prova de aproveitamento, quando ao discípulo pronunciou a sentença: "Você fez rica a pintura da deusa Céris, porque não a soube fazer bela!"

Conscientemente ou não, recobrimo-nos de roupas de grife, de enfeites e tantos outros badulaques, porque poucos de nós caímos na conta do que tem mais peso, isto é, de nossa individualidade. Ficamos geralmente na superfície do autoconhecimento, no aguardo de que os outros nos reconheçam como seres viventes e importantes. Ou então, à espera de agradarmos os que nos cercam.

No fundo, no fundo, costuma haver nessa atitude o desejo de agradarmos sempre e a todo mundo, coisa simplesmente impossível. Gostos variam de pessoa para pessoa, nem todos gostam do amarelo, nem todos apreciam doces e assim por diante. Pode-nos estar por trás uma surda insegurança a respeito de nosso valor, uma desconfiança sobre nossas capacidades de realização, ou dúvidas cruéis quanto a encontrarmos um lugar ao sol no terreno tão competitivo da sociedade.

Em consequência ficamos ansiosos em satisfazer a necessidade básica de sermos aceitos em algum grupo. No desespero, perdemos o senso do respeito por nós mesmos e nos submetemos ao papel de vaquinhas de presépio, dizendo "Amém!" às opiniões alheias, mesmo que internamente não nos pareçam válidas. Pelo contrário, podemos aprender a dizer "Não!", como vimos anteriormente, sem por isso sermos considerados malcriados e, ao mesmo tempo, sem cultivarmos inútil sentimento de culpa.

Entretanto, antes do desejo inconsciente de agradar, vem a ânsia de preencher nossos vazios, como explicação do *ter*. Para que nossa vida dê certo precisamos distinguir exatamente o que significam estes dois termos, o Ter e o Ser. Não é filosofia banal, nem mera elucubração de quem não tem mais nada que fazer. É coisa séria. Mais ainda, é vital. Ficou em nossa memória, a esse respeito, o conto de Natal, *Um cântico de natal* (*A Christmas Carol*), em que Charles Dickens descreve a figura grotesca e ridícula de Ebenezer Scrooge, avarento, antissocial e malvado, unicamente voltado para acumular riquezas, não chegando sequer a desfrutar realmente delas. Alguém poderia ter-lhe perguntado: O Sr. se acha feliz? Isso lá é vida?

Falando da cultura, a teóloga Maria Clara Bingemer propõe um aspecto preocupante: a cultura se tornou instrumento de poder. Ela não tem mais uma função colonizadora (tanto no bom como no mau sentido da palavra: ao mesmo tempo civilizadora e conquistadora) como foi o caso durante longo tempo da educação que vulgarizava e difundia as concepções de uma elite. Na verdade, a cultura se tornou um objeto rentável e maleável, segundo as necessidades da produção e do consumo, antes que uma arma de combate. Parece que a questão não é mais a mesma que atormentava o Hamlet de Shakespeare: ser ou não ser. Mas sim ter ou ser. Se continuar alugando-se e vendendo-se a si mesma para que o consumo reine soberano, dominando e monopolizando a atenção dos indivíduos, seguramente a cultura não cumprirá seu papel de testemunha da maravilha que é o ser humano. Rastejará em nível das necessidades artificiais e não permitirá que apareçam os desejos que libertam e apontam para a Transcendência[1].

Li certa vez a narrativa de um casal, que voltava para o país, depois de morar no estrangeiro por longo tempo. Trouxera consigo apenas umas poucas gravuras, uns livros e uns tapetes. Quanto ao resto venderam tudo. Por "tudo", entenda-se: fogão, camas, louça, liquidificador, sala de jantar, aparelho de som, tudo o que compõe uma casa. O marido anunciou o bazar no seu local de trabalho e esperaram sentados que alguém aparecesse. Sentados no chão.

O sofá foi o primeiro que se foi. Às vezes o interfone tocava às 11 da noite e era alguém que tinha ouvido comentar que ali estava se vendendo uma estante. Os estranhos entravam na casa e desfalcavam o lar, que a cada dia ficava mais nu. No penúltimo

---

[1] BINGEMER, Maria Clara Lucchetti, *Ter ou ser, eis a questão*, disponível in: https://www.jb.com.br/sociedade-aberta/noticias/2012/04/18/ter-ou-ser-eis-a-questao.html, acesso em 19 de novembro de 2021.

dia, ficaram só com o colchão no chão, a geladeira e a tevê. No último, só com o colchão, que o zelador comprou e, compreensivo, topou esperar que o casal fosse embora antes de buscar. Ganhou de brinde os travesseiros. No final de tudo, concluiu um deles: *Nunca mais me apeguei a nada que não tivesse valor afetivo.*

Não são as coisas que possuímos ou compramos que representam riqueza, plenitude e felicidade. São os momentos especiais que *não tem preço,* as pessoas que estão próximas da gente e que nos amam, a saúde, os amigos que escolhemos, a nossa paz de espírito.

Para entendermos a tendência a juntar coisas, possuir e consumir bens, é interessante nos reportarmos ao processo humano de crescimento através das idades, não nas idades cronológicas, mas *mentais.* Principalmente no que diz respeito à primeira fase, a *infância.* Ela é marcada mais do que pelo fato de alguém ter de 0 a 10 ou 11 anos de vida, mas pela atitude de estar voltada para si mesma. Para ela o *Eu* é o centro de referência. O "meu e o seu" são balizas constantes no contato com os outros.

Com frequência faz a comparação "o meu é melhor que o seu", jogo psicológico típico da infância. *Minha casa é mais bonita, meu carro é importado e mais potente, minhas roupas são da última moda, meus amigos estão nos círculos de maior influência, tenho uma casa de campo com cavalos e piscina.* Como o bolo é um só, e essas pessoas querem ficar com o maior pedaço, pouco sobra para o restante da humanidade. Alguns poucos ficam cada vez mais ricos, e a grande maioria cada vez mais pobre, empobrecida pela ganância daquele grupo de privilegiados.

A primeira fase do desenvolvimento psicossexual, no primeiro ano e meio de vida, é marcada pela ênfase na oralidade, ou seja, o prazer se concentra e se satisfaz pela ingestão de alimentos. A energia vital se concentra na boca e nos lábios e se manifesta pela tentativa de incorporar a si mesmo o que lhe dá prazer. A "fome", não só de alimentos, é insaciável, sempre desejando mais. O que ocorre nos primeiros anos de uma criança, muitas vezes se prolonga através da vida, permanecendo o sujeito infantil e cronicamente carente, apesar de a idade ter avançado.

Comidas, bebidas, objetos, roupas, aparelhos eletrônicos, tudo enfim que é apetecível e lhe é proposto pela mídia como "necessário para ser feliz", para estar em dia com o progresso tecnológico, torna-se meta das preocupações. Sem essa busca mais ou menos desenfreada, parece-lhe que a vida não teria sentido. Facilmente entra no redemoinho do consumismo, preso pela necessidade de ter sempre mais e de atualizar suas aquisições pelos modelos mais recentes.

Ao mesmo tempo, esse tipo oral pode ser preferentemente receptivo, dependente. Espera que tudo lhe seja dado, não pensa em retribuir. Pode inclusive apresentar um aspecto sádico, não esperando que alguém lhe dê voluntariamente qualquer coisa. Daí que se decide a empregar a força e a astúcia para conseguir o que deseja, manifestando-se explorador e agressivo. O sexo, impulso natural de todo mundo, costuma então tornar-se mais uma de suas obsessões, não se contentando o sujeito com paqueras, mas necessitando provar a si mesmo que está sempre conseguindo novas conquistas, como novo "Don Juan".

Aqui também entra a questão do ciúme, equivocadamente tido como sinal de amor, quando não passa de expressão de posse, de quem tem dúvidas sobre o próprio valor e não se sente digno de ser amado, precisando por isso segurar sofregamente o outro, mantendo-o sob suas garras. Ultrapassa os limites do bom senso, julga-se dono do mundo e senhor das pessoas, possuidor apenas de direitos, não de deveres para com aquele ou aquela de quem diz gostar.

O campo de toda a ambição, de que vimos tratando, é imenso, tão grande quanto o mundo. A desilusão, porém, acaba sendo inevitável, porque coisa alguma sacia inteiramente uma pessoa. Muitas vezes o acúmulo desenvolve o sentimento de enfado, saturação e nojo, como ocorre quando alguém sobrecarregou o estômago com iguarias ou bebidas em demasia. Acaba sentindo vontade de vomitar. A história da Roma antiga conta cenas repugnantes dos senhores que se banqueteavam ao exagero e, a intervalos, saíam para expelir o acúmulo e poderem voltar a ingerir mais delícias.

A cornucópia, símbolo da fortuna, e representativa na mitologia da riqueza e abundancia, era um vaso em forma de chifre, com frutas e flores que dele saíam em abundância, expressando antigo símbolo da fertilidade e abastança. É interessante lembrar que "chifre" entre os povos antigos, inclusive na literatura judaica, tinha o sentido de "poder" e, com frequência, representava a própria divindade. Em outras palavras, a busca da abundância seria caminho aberto para a busca do poder e até mesmo de ser como deuses, tendo todo poder e comandando o destino próprio e dos demais.

O poder pode manifestar-se não apenas no sentido de possuir coisas, ser importante e dominar territorialmente, mas como nova forma de *Ter*. Inclui até a capacidade de alguém ser o único capaz de saber coisas que os outros não sabem, de ser detentor exclusivo das notícias, segundo o que dizem: "Quem tem conhecimento tem poder". Uma fofoca tem várias facetas. Por uma parte, quem conta um conto aumenta um ponto. Por outra, faz presente o aspecto de destruir a imagem dos outros para poder sobreviver sozinho, sem competidores que lhe ameacem a soberania. De novo, toda essa arrogância, como sempre, denota a insegurança de quem precisa resguardar uma falsa superioridade.

Depois dessas considerações, permanece talvez a pergunta: "Ser mais ou ter mais?" Afinal, vemos à nossa volta pessoas tidas como bem-sucedidas, adquirindo propriedades, projetando-se no cenário da vida pública, aparecendo nas colunas sociais, convidadas com alguma frequência a dar entrevistas e muito mais. Enquanto isso, talvez nos ponhamos a ombrear com eles e nos achemos pequeninos, esquecidos da sorte, desconsiderados por essas pessoas tão influentes.

Desde muito tempo, talvez, perseveramos na luta diária pela sustentação nossa e da família, e parece que ninguém se lembra de nós. Ninguém nos telefona nem visita, sentimo-nos relegados ao terreno de nossa insignificância. Enquanto isso, aquelas outras pessoas, que nos pareceram as protegidas da sorte, parecem ir de vento em popa, crescendo e aparecendo. Elas têm dinheiro (ao menos nós achamos), moram em residência de destaque, conseguem tudo que querem (é também o que achamos). Elas têm sempre mais, possuem mais, são ricas, dispõe de recursos que, segundo a maioria, faz a felicidade das pessoas.

Será que são mesmo tudo isso? Em outras palavras, que é que torna felizes as pessoas? Dinheiro e facilidades financeiras são coisas bem-vindas, ajudam a resolver inúmeros problemas do dia a dia, trazem comodidades. Entretanto, quando em maior quantidade, trazem também preocupações e noites mal dormidas. A menos que estejam em mãos generosas, favorecem o fechamento das pessoas na autossuficiência, no isolamento egoísta e no regelamento das relações. Suas casas começam a precisar de muros fortificados, de guardas especiais e de câmeras de vigilância. Seus carros precisam ser blindados, denotando constante insegurança na convivência com os outros cidadãos.

Tal situação, tão precária e incômoda, faz-nos recordar a lenda já citada daquele rei que, para recuperar a saúde, teve dos médicos da corte a indicação de que só ficaria curado se vestisse a camisa do homem mais feliz do mundo. Quando seus arautos o encontraram, pois era um simples camponês que arava o campo – lembra? –, ficaram admirados, pois ele lhes disse: "Mas... eu não tenho camisa!"

Claro que é lenda. Mas traz uma verdade muito importante. Não é o *Ter* que torna felizes as pessoas. Para quem tem experiência e vivência no contato com muitos, é sabido que há gente sem ambições e muito contente com a vida desprendida que leva, apesar de passarem pelas pequenas dificuldades comuns a todos. O que as faz felizes é a harmonia no lar e a partilha de seus bens com os mais necessitados.

É conhecido o fato de que os mais pobres em geral são os mais generosos e mais solidários. Repartem de suas pequenas posses com os que têm ainda menos. Não é o tamanho da conta bancária que faz alguém feliz, mas *ser gente* de verdade. Ora, isto não se altera com eventual diminuição dos bens, porque *Ser* faz parte da própria pessoa, não depende de coisas externas. O que conta é a bondade do coração, a compreensão com os outros, o acolhimento sem discriminações, a partilha dos conhecimentos e até dos bens com os demais.

Como tudo na vida é processo, é importante progredir. A palavra "progredir", aliás, quer dizer isso mesmo: *pro* (= à frente), *grédere* (= caminhar), isto é, dar passos adiante, avançar. Dentro de um barco no meio do rio, ou remamos contra a corrente, ou o rio nos leva correnteza abaixo. Em outras palavras, quem negligencia os avanços colhe recuos, quem se distrai de melhorar acaba piorando, quem para de se aprimorar precipita-se na própria destruição.

Esta involução nem sempre é fácil de se perceber. O desabamento de um prédio começa por uma trinca na parede, depois uma rachadura e mais outra e, afinal, o desastre. Ou lutamos por *Ser Mais* ou, então, iremos murchando e caminhando para a morte lenta de nosso espírito. O *Ter Mais* apenas consegue abarrotar e entulhar nossa casa com bugigangas, transformando-a numa butique ou até num deselegante "quarto de despejo". Ficamos sem saber, a curto prazo, o que fazer com tantas coisas, pois elas logo vão se mostrando desnecessárias.

SEGUNDA PARTE

A DESCONHECIDA LIBERDADE

> *Quem não consegue ser livre diante de si,*
> *não será livre diante dos outros.*
> *A liberdade não chega automaticamente, é conquistada.*
> *E não de uma só vez. Precisa ser conquistada dia a dia.*
> *(Rollo May)*[1]

---

[1] Cf. MAY, Rollo, *O homem à procura de si mesmo*, Petrópolis, Vozes, 1994.

O NEGÓCIO É SER LIVRES!

Se alguém lhe segura o braço e o impede de caminhar, estará tolhendo sua liberdade. Se, pelo contrário, o empurra e força a ir para a frente, também não o deixa livre. Se lhe tapa a boca quando você quer falar, tira-lhe a espontaneidade. Se, ao invés, aperta-lhe a orelha obrigando-o a dizer alguma coisa, estará violentando seu livre-arbítrio.

Com efeito, *liberdade é a capacidade de escolher algo de bom, ou de não fazer algo de ruim ou menos bom, sem que você se sinta pressionado. No momento em que não tenha possibilidade de escolher, você não é mais livre.* É tão forte em nós a necessidade de proteger o direito de escolha, que desde pequenos nos indignávamos, quando nos queriam impedir de usar um brinquedo ou disputávamos o colo do papai. Já dizia Archibald Mac Leish:

> Que é a liberdade? Liberdade é o direito de escolher: o direito de criar para si mesmo alternativas de escolha. Sem essa possibilidade de escolha e o exercício da escolha, o homem não é um homem, mas um membro, um instrumento, uma coisa[1].

Escolher supõe, *em primeiro lugar*, que haja mais de uma coisa à disposição. É claro, se não há bifurcação na estrada, o jeito é continuar em frente, pois não há opção de desvios. Se você encontra uma única laranja na geladeira, fica reduzido no máximo a comer aquela ou a deixar de comê-la. Em certas agremiações, na época de

---

[1] en.wikipedia.org/wiki/Archibald_MacLeish, acesso em 19 de novembro de 2021.

eleições internas, será preciso aceitar os eleitos, se só existir a "chapa única", gostemos ou não. Se você vai ao Supermercado em busca de um sabonete de tal marca e não o encontra, vai conservar sua liberdade deixando para comprá-lo outro dia ou em outra parte.

Em segundo lugar, escolher supõe que ninguém lhe proíba alguma das alternativas razoáveis. É o caso de que arbitrariamente alguém lhe diga que não pode preferir pão doce, simplesmente "porque não". E, você sabe, isso não é tão raro. Não me refiro neste ponto à justa intervenção de pais, educadores, administradores, policiais ou governantes, que impedem o uso imaturo da liberdade por parte de crianças inexperientes, de adolescentes imprudentes ou de adultos mau-caráter. Afinal, é também para isso que aqueles estão investidos de autoridade, para conservarem nos trilhos essas locomotivas mais ou menos tresloucadas, prestes a desgovernar-se, para que justamente não firam o principal critério de escolha, ou seja, *o que não prejudica nem a você nem aos outros, a curto, médio ou longo prazo.*

"Para a nossa razão e, sobretudo, para a ciência baseada exclusivamente nos princípios da causalidade natural, a liberdade humana é incompreensível. É que se faz necessário ver nela *um mistério que repousa sobre o Mistério ainda maior da liberdade divina.* O mais impenetrável neste mistério da liberdade humana consiste realmente no seguinte: Duma parte ela é participação na liberdade divina; doutra parte ela é de tal modo respeitada por Deus e por Ele tão seriamente encarada, que o homem, prevalecendo-se desta liberdade, pode dizer 'não' a Deus"[2].

Comparando o jogo de cintura que temos para decidir em coisas muito diversas, com os limites próprios do instinto a que estão sujeitos os animais, podemos concluir que a liberdade é um presente do alto. Um grande presente! As aranhas tecem suas teias sempre do mesmo jeito, os passarinhos constroem seus ninhos seguindo esquema inteiramente previsível, os predadores (águias, abutres, leões, hienas e tantos outros) armam seus ataques e encurralam as presas dentro de estratégias sempre repetidas. Nós,

---

[2] HÄRING, Bernhard, *A Lei de Cristo,* vol. 1, São Paulo, Herder, 1960, 151.

pelo contrário, somos criativos, inventamos formas originais de construir casas, de plantar hortaliças, de pescar peixes, de domesticar animais selvagens e, melhor que tudo, de organizar nossa própria vida, de nos instruir, de descobrir os segredos da natureza, de nos divertir e muito mais.

Por outra parte, a liberdade é igualmente uma conquista, porque, como tudo que existe no universo, ela está sujeita a um processo de crescimento. É educável, podemos dizer. Como tudo que começa, somos naturalmente xucros na primeira infância. Com a ajuda de nossos maiores, descobrimos nosso potencial e podemos desenvolvê-lo passo a passo, ano por ano, até chegarmos a ter um físico bem feito, uma inteligência esperta e um coração amoroso e solidário. Nossa liberdade pode assim ser comparada a um botão de flor, que, depois de aberta, apresentará frutos capazes de lançar sementes e de criar novas plantas.

Por sermos inteligentes e capazes de prever as consequências de nossas decisões, somos responsáveis pelos caminhos que escolhemos. *Liberdade implica responsabilidade.* Uma liberdade bem entendida é resposta ativa diante de nossos desejos de viver bem e de progredir. Entretanto, ela é válida enquanto não só atende aos nossos pontos de vista, senão também às necessidades e conveniências das pessoas de nossa convivência. Precisamos responder (ser responsáveis) pelo efeito das palavras que falamos, dos gestos que fazemos e das iniciativas que tomamos. Não vale aquilo que alguns dizem: "Isso é problema meu!" Como o som do violão que tocamos, se propaga para os ouvidos das pessoas que estão por perto, assim nossos atos alcançam os demais. E os alcançam tanto para lhes fazer bem, quanto para os incomodar ou prejudicar.

Constatação muito clara é a seguinte. Quem decide alguma coisa sempre tem um por quê, um motivo, uma razão de o fazer. Atos tidos como involuntários trazem também no fundo uma explicação, como é o caso de darmos um safanão sem querer numa pessoa que passa, justamente quando estávamos esticando o braço para espantar um mosquito. Qualquer que seja o motivo de tomarmos uma decisão, ele se encontra dentro de uma escala de importância, por pequena que possa parecer, precisamente *porque nada fazemos propriamente à toa.*

Acontece que, dentre todos os por quês de nossas escolhas, existe um básico, o mais profundo, ao qual chamamos de *opção fundamental*. É a razão que penetra e dá sentido a todos os nossos gestos e a todas as nossas opções. Podemos nomeá-la com vários títulos: querer viver, buscar a felicidade, desejar o Bem, expressar nossa autoestima e assim por diante. Mas, no fundo de todas as explicações, vamos descobrir a mais essencial, o cerne de todas as alternativas: o nosso fim último, a realização daquilo que o Criador pensou como *o sentido de nossa vida*.

É curioso que não há motivo tão forte para agirmos que nos obrigue a tomarmos uma decisão. Podemos ser incoerentes, não seguindo o que parecia tão importante. É o caso da pessoa que, precisando por enquanto abster-se de açúcar, ainda assim vai à geladeira e consome saborosa porção de sorvete, ou vai ao armário e devora deliciosa barra de chocolate. Nossa vontade continua sempre capaz de boicotar nosso autodomínio. Vamos dizer que aí ela está pressionada por impulsos descontrolados e obscuros, coagida psicologicamente, mas, nem por isso, inteiramente isenta de responsabilidade.

MOMENTO DO ESPANTO!

Há, por acaso, necessidade de termos permissão para ser livres? Parece a coisa mais natural. Ninguém gosta de estar amarrado. Quem gostaria de viver num presídio, por trás das grades, sem licença de dali sair? E os homens e mulheres, que durante anos foram trazidos da África para as Américas para ser escravos, será que amavam o cativeiro? A submissão forçada aos grilhões acaso diminuía neles a saudade de sua pátria e a ânsia de dispor da própria sorte?

Recentemente descobriu-se que uma jovem austríaca de 18 anos foi sequestrada e mantida presa nos últimos oito anos num recinto sem janelas construído pelo sequestrador, um técnico em telecomunicações, no porão por baixo da garagem da casa dele. Tem graça tal situação?

Durante a Segunda Grande Guerra, de 1939 a 1943, milhares de pessoas foram confinadas em campos de concentração nazistas. Eram mais propriamente campos de extermínio, porque grande parte foi ali sacrificada nas câmaras de gás, pelo ódio insano do preconceito racial, político e religioso. Nunca se ouviu dizer que algum dos detentos se tivesse candidatado a viver aquela experiência trágica.

Mas, nem é preciso irmos tão longe. Basta olharmos em volta, para a massa humana que sobrevive em habitações precárias, se amontoa nas conduções superlotadas e se dirige para a monotonia do único emprego conseguido a muito custo. Quem pode afirmar que a maioria dessa gente é livre?

Os alunos nas escolas e universidades, serão eles livres? Ou, melhor, sentem-se livres? Com que grau de consciência optaram pelos bancos em que se sentam e pelos cursos que frequentam? Não será em boa parte essa alienação uma das causas do desinteresse evidente da maioria, o qual só diminui quando, por força de provas ou exames vestibulares, se veem em risco de não avançar para o próximo estágio?

Serão livres os homens e as mulheres que fazem do próprio corpo objeto de mercadoria, seja nas aperturas e regimes das e dos modelos, seja no submundo da prostituição e das drogas proibidas? Até que ponto sentem-se livres os que se dedicam ao treinamento rígido nos esportes e à malhação nas academias de ginástica?

Certa madrugada vinha um grupo de jovens dirigindo um carro avenida abaixo em alta velocidade. Voltavam para suas casas após uma noite de papos e bastante bebida. Apesar de larga, a avenida apresentou uma curva em declive, o motorista perdeu o controle do carro e espatifou-se no muro do outro lado, causando a morte de todos os que ali estavam. Somos responsáveis não só pelas decisões diretas que tomamos, qual era a de voltarem os jovens para suas casas. Somos também responsáveis indiretamente pelas consequências previsíveis das outras decisões, como a do excesso de bebida e da imprudente velocidade na direção do carro.

Um maníaco sexual invadiu o escritório de uma jovem advogada, que se encontrava sozinha e, depois de ser por ela atendido, amarrou-a com o fio do telefone, selou-lhe a boca com esparadrapo e a violentou. Alguém poderia pensar: que liberdade teve a moça em tal situação? Se ela resistiu quanto pôde, se interiormente permaneceu firme na resolução de preservar sua pureza, não houve responsabilidade alguma de sua parte. Nossa liberdade interior é intocável, por mais que sejamos obrigados a fazer alguma coisa.

Às vezes um medo real pode paralisar parcialmente as pessoas e deixá-las sem ação, como aconteceu com a família daquele homem, na visita que faziam de carro por dentro do parque zoológico em que estavam soltos vários leões. O senhor ingenuamente saiu do carro para filmar mais de perto o grupo das feras e, diante do olhar espantado da esposa e dos filhos, foi devorado pelos animais. Que liberdade tinham os seus para agir naquele momento? Nem sempre, porém, o medo impede de sermos livres. Podemos, conforme o caso, gritar, pedir socorro, correr e outras coisas. É interessante não confundirmos esta situação com a emoção da "ansiedade" e, pior ainda, da "angústia", sua versão mais aguda. A ansiedade provém da previsão catastrófica que às vezes fazemos sobre o que virá depois. Foi o caso daquela aluna do Ensino Médio, que ficava estarrecida, paralisada – dizia que lhe "dava um branco" – quando ia fazer prova de Geografia. Com a orientação que lhe dei, superou o problema, trocando as imagens mentais sobre a prova por outras imagens, agora positivas e animadoras.

Acontece, principalmente com adolescentes, mas também em outras idades, que o desejo de alguma coisa inconveniente vá crescendo na sua imaginação, principalmente quando a fantasia representa uma proposta deleitosa. Quem deixou crescer uma rachadura em sua casa não pode depois desculpar-se de que não sabia de nada, quando a parede ruiu. Quem tinha ideia de que a chapa do fogão estava quente, não terá razão em queixar-se das queimaduras quando descuidadamente se apoiou ali. Da mesma forma será responsável pelos prejuízos pessoais e morais, para si ou para os outros, quem cultivou fantasias ou de ódio, ou de luxúria, ou de depressão.

AFINAL, QUE É SER LIVRES?

É, antes de mais nada, reconhecer o curso natural das coisas. As pedras são pedras e sempre o serão... até que se desgastem. Já uma roseira que você plante começa a ser um tanto imprevisível. Você pode até prever que lhe dará rosas vermelhas, não as amarelas. Mas, isso mesmo, quando? E em que quantidade? Insetos, animaizinhos que são, trazem maiores possibilidades de ação. Por exemplo, as formigas de seu jardim terão preferência pelas folhas de uma certa planta, não de outra. Apesar disso, o instinto que as dirige limita-as a continuar no carreiro, sem maior criatividade.

Répteis, pássaros e quadrúpedes são tanto menos previsíveis quanto maiores são. Embora ainda guiados por instintos, que os levam a agir sempre numa mesma linha, movem-se em faixa bem mais ampla, fazendo pensar que gozam de algum grau de inteligência. Chegam a ser surpreendentes como o João-de-barro ao construir seu ninho, às vezes com dois ou três andares e sempre com a abertura oposta ao sentido do vento, ou o chimpanzé que chega a dispor vários caixotes um sobre o outro para alcançar o cacho de bananas pendurado a maior altura que a de seus pulos.

O ser humano excede a todos os seres vivos por sua inteligência reflexa. Isto é, pensa e *sabe que está pensando*. Faz discernimento e julga o valor das coisas que o cercam. Dá um preço estimativo ao que ele e os outros falam, e distingue o grau de perfeição dos atos próprios e alheios. Dele se pode dizer que é verdadeiramente capaz de conquistar a liberdade. Justamente por isso, é a mais imprevisível de todas as criaturas. Pelo livre arbítrio, sua vontade se comporta como árbitro ou juiz para as tomadas de decisão, podendo escolher qualquer um dos vários caminhos que percebe à sua frente.

É indeterminado, não por estar perdido no vazio, mas porque está aberto para muitas possibilidades, aberto para si mesmo, aberto para o mundo que o cerca e principalmente aberto para o amor.

É tanto mais livre quanto se permite dominar, pela razão e pelo bom senso, as tendências inferiores ou impulsos, que podem prejudicar o equilíbrio de sua natureza racional. Para ele, liberdade não é simplesmente a possibilidade de fazer o que bem quiser (o que lhe dá na telha, como dizem), ou de realizar sem impedimentos externos quaisquer desejos, aspirações ou caprichos, à medida que vão surgindo.

O ser humano realmente livre sabe que é responsável por suas ações, tem a convicção interna de que sua sorte e a dos demais está em suas mãos, que ela depende da reta escolha de seus caminhos. Além disso, nenhum homem é dono de outro homem. Repetia, entretanto, Anthony de Mello, citando Leon Tolstói: "Todo mundo pensa em mudar a humanidade. Quase ninguém pensa em mudar a si próprio".

"Ter" liberdade é "ser" livre. O principal não é "ter" liberdade, mas sim "ser" livre. A liberdade é antes de tudo, um modo de ser (é a elegância da existência humana, é o "estilo" do viver humano). Contudo, o fato de ser livre requer o ter liberdades (religiosa, moral, estética, econômica, política, etc.); de outro modo o ser livre seria uma abstração... a liberdade não é um estado, mas uma atividade permanente. Ser livre é estar se libertando continuamente, é estar superando continuamente a oposição dos contrários numa síntese dialética[1].

---

[1] VIDAL, Marciano, *Moral de Atitudes*, vol. I, Aparecida, Santuário, 2002, 188 e 198.

COMO SE APRESENTA A LIBERDADE?

Diziam os antigos que *na distinção está a solução* ou a salvação (*in distinctione, salus*). Pode ser de bom alvitre fazermos aqui o mesmo.

Há uma liberdade *de* e uma liberdade *para*. A primeira fala de soltar-nos *de* algum tipo de prisão ou constrangimento, como quando escapamos às ameaças de assaltos, ou quando ficamos curados de uma doença, ou quando nos desvencilhamos de algemas que nos prendiam os pulsos, ou quando afastamos de vez a importunação de alguém que cismava em nos passar trotes pelo telefone. Entra aí uma profusão de casos, porque muitas são as ocasiões de nos sentirmos tolhidos por contrariedades. A respeito, aliás, refletia Erich Fromm: "O homem conquistou a liberdade de – sem contudo ter conquistado a liberdade para – para ser ele mesmo, ser produtivo, ser inteiramente desperto"[1]. Dá o que pensar, concorda?

Seremos livres, por exemplo, se seguirmos o senso de objetividade ou realismo no momento em que o impulso da gula nos arraste para a geladeira e exageramos nos doces e nas bebidas, fora das refeições. Ou quando sentimos nosso orgulho e nossos brios cutucados por alguma desatenção. Ou quando por avareza recusamos dar algo de nossos bens a quem precisa. Livres também somos quando dominamos a irritação ao ser contrariados, ou

---

[1] FROMM, Erich, *O medo à liberdade*, Rio de Janeiro, Zahar, 1970.

quando respeitamos nosso corpo e os dos demais, apesar das miragens de prazer. Livres ainda quando, em lugar de invejarmos as qualidades e sucessos de outrem, nos alegramos com suas vitórias. Aliás, como dizia Eric Hoffer, "quando as pessoas se sentem livres para fazer o que lhes agrada, acabam habitualmente imitando umas às outras"[2]. Somos também livres quando sacudimos a tendência preguiçosa do comodismo e nos pomos a campo para valorizar nosso potencial, aproveitando bem o tempo de vida de que dispomos.

A liberdade é algo que pertence ao núcleo mais íntimo da pessoa. Mas essa dimensão profundamente pessoal da liberdade não está em conflito com a necessária dimensão comunitária. A liberdade, para ser autêntica, deve abrir-se ao amor interpessoal e nele terminar. Deste modo, a liberdade é uma liberdade liberada ("liberdade de") e plenamente libertadora ("liberdade para"). O amor nos prende, mas também nos liberta. Não está a suma liberdade salvadora justamente no poder do amor?[3]

Há também, como dizíamos, uma liberdade *para*, para pensar, sentir e agir. Funciona como as setas de orientação de trânsito nas estradas. Será autêntica a liberdade enquanto se dirija para algo de bom, para destinos positivos. Ou seja, para *pensamentos* otimistas e construtivos; *sentimentos* equilibrados, honestos, sem repressão; *decisões* coerentes com o que é verdadeiro e não prejudiquem a quem quer que seja: *ações e comportamentos* que favoreçam a realização pessoal e colaborem para o Bem Comum.

Pensamentos otimistas têm sido assunto de quantidade de livros e conferências de Autoajuda. Duma ou doutra forma expõem princípios norteadores de autoconfiança e autoestima, valorizando com justiça nossas qualidades, porque todos as têm, mesmo que delas ainda não se tenham dado conta.

Sentimentos equilibrados significam emoções naturais, que nascem conosco e, por isso, são também chamadas de emoções orgânicas. Algumas destas são prazerosas, como a vontade de *brincar*,

---

[2] www.brainyquote.com/authors/eric-hoffer-quotes, acesso em 19 de novembro de 2021.
[3] VIDAL, Marciano, *Moral de Atitudes*, vol. 1, Aparecida, Santuário, 2002, 192.

rir e jogar, ou a busca de *sossego* e tranquilidade, ou a tendência de desfrutar do *prazer* de ver coisas bonitas, de ouvir sons e músicas agradáveis, de aspirar perfumes como do Manacá da Serra, de saborear um alimento delicioso, de no frio apalpar um cobertor gostoso e nos agasalhar com ele.

Outras emoções, igualmente orgânicas, são desagradáveis sem deixar de ser naturais e importantes, como o *medo* diante da possibilidade real de perder algum bem (uma amizade, uma condução, uma soma de dinheiro, a própria vida), ou a *tristeza* quando aquele bem já se perdeu, ou a *raiva* autêntica ou garra que nos leva a lutar pelos valores nossos ou de outros, ou o *desprazer* ou nojo quando nossos sentidos são afetados de modo desagradável (presenciar uma cena de atropelamento na estrada, ouvir um grito de desespero, aspirar o mau cheiro de um banheiro, sentir o gosto ruim de uma fruta estragada).

Comportamentos saudáveis e iniciativas construtivas são resultado do que pensamos e sentimos. Mesmo que continuem valendo ditados como "Quem vê cara não vê coração" e "As aparências enganam", costuma haver uma lógica interna na origem de nossos atos. "A boca fala do que o coração está cheio", dizia Jesus (Lc 6,45). Como o copo cheio que pode transbordar, como o banho cheiroso que depois perfuma o ambiente em que entramos, assim nossas ações denunciam externamente o que vai em nosso íntimo, assim como as motivações que nos mobilizam.

Uma distinção puxa outra. E agora vem aquela que constata a existência de uma liberdade exterior e uma interior.

Pensamos primeiro em uma *liberdade exterior*, quando queremos atravessar uma rua e, felizmente, não aparece aquela incômoda série de carros que não param de passar, fazendo-nos ficar à espera. É o caso também de não haver um cachorro mal-encarado e com os dentes à mostra quando pretendemos visitar uma pessoa, e assim podermos entrar sem perigo pelo jardim de sua casa. Outra situação é a de alguém que tem o dinheiro suficiente e se inscreve sem obstáculos para excursionar até as Cataratas do Iguaçu ou conhecer as alturas misteriosas de Machu Picchu. Ou de poder conviver, dentro da família ou do ambiente de trabalho, sem se sentir constrangido com exigências descabidas de alguém. São muitos os casos, é evidente. Basta olharmos para os encontros sociais, para a convivência com colegas e conhecidos, com chefes ou subalternos. O que poderia tornar-se obstáculo para a liberdade, nessa linha, seria a intimidação, a violência ou a chantagem.

Quando, porém, você se contém diante de uma travessa de doce e retira apenas aquela fatia razoável, apesar do apelo para exagerar, para passar da conta, pode falar de *liberdade interior*. Lembre também aquela ocasião em que se conteve e foi gentil com uma pessoa desagradável, ou quando não fez questão do assento no ônibus pois alguém ali sentou-se primeiro: você foi igualmente livre.

A liberdade interior é *a capacidade de abrir mão e não fazer questão de objetos, lugares ou oportunidades que não lhe sejam essenciais*. Nasce não do desinteresse ou menosprezo pelas coisas que têm valor. Nem fica dependente da ignorância ou de possível inebriamento momentâneo por causa de uma paixão avassaladora, pois não é virtude subestimar o que é bom. No entanto, é possível deixar tais coisas em favor dos outros, por motivos superiores.

Um desses motivos é a relativização de tudo que tem valor, diante do valor supremo do amor. Mesmo sem pensar no motivo religioso – qual seja o de colocar como critério absoluto de escolhas aquilo que alguém descobre ser a Vontade do Criador – basta ter em vista a constatação da Psicologia do Desenvolvimento. Segundo esta, o que mede a maturidade psíquica de uma pessoa é a capacidade de escapar do egocentrismo, próprio das crianças, para, gradativamente, abrir-se e projetar-se na direção dos outros. Assim, ultrapassando as limitações de uma fase adolescente, em que começa o interesse por enturmar-se, e as já melhores e mais soltas experiências de uma fase jovem, marcada pela solidariedade e companheirismo, a pessoa adulta será aquela que se realiza na abertura para o universal, para os interesses do bem comum, em todos os sentidos.

Por isso tudo, é interiormente livre quem se permite partilhar as coisas boas que tem e as coisas boas que sabe. Dizia o médico e poeta santista Martins Fontes: "Como é bom ser bom!". Refletia com isso a convicção de que é dando que se recebe, que é partilhando valores com os outros que nos tornamos realizados. Que é dando tempo, atenção, carinho, gestos civilizados, sorrisos e – por que não? – até bens materiais, que contribuímos para fazer um mundo melhor.

Distinção vai, distinção vem, e aqui distinguimos de novo. Para nos sentirmos interiormente livres, precisamos descartar tropeços não tão raros na vida das pessoas comuns como nós. Um deles é a presença de *pensamentos obsessivos*, como a preocupação em verificar, várias vezes antes de dormir, se o gás está desligado e a porta devidamente trancada. Ou o escrúpulo de voltar uma e outra vez ao professor para de novo confirmar se a tarefa prescrita era mesmo aquela.

O *falso medo ou fobia* é outro tropeço, pois costuma paralisar as pessoas, impedindo-as de prosseguir com as atividades normais. Assim o medo de baratas e outros insetos, o medo do escuro ou de ficar sozinhos, o receio de falar em público, o pavor de viajar de avião e assim por diante. São fixações facilmente trabalháveis com as técnicas da programação neurolinguística.

Também a *dúvida e a ignorância* podem ser tropeços, porque instalam a insegurança. Imagine um quarto escuro onde você nunca entrou. É natural que você ao entrar se sinta inseguro. Vai arrastar cautelosamente os pés, porque ali pode haver degraus. Vai tatear com mãos e braços estendidos, porque pode haver móveis em que se machucaria ao esbarrar neles. Tendo, porém, encontrado um interruptor e acendido a luz, você poderá até correr e dançar lá dentro se houver espaço. Por que? Porque agora enxerga, porque sabe onde está e que possibilidades o ambiente lhe oferece. Este tipo de tropeço requer o cuidado de procurar saber sempre mais e com profundidade, porque as meias ciências são lamentáveis equívocos, são desastres a meio prazo.

Não muito diferente é o tropeço dos *maus hábitos*. Dizem os ingleses que "o cachimbo entorta a boca", querendo significar que os hábitos adquiridos começam a funcionar em nós como se fossem uma segunda natureza. Prejudiciais que são, como fumar, mentir e embriagar-se, saem fora de controle pelos poros e se tornam duros patrões dos que se lhes tornaram escravos.

É importante trazer ainda outro tropeço, *a falta de sentido na vida*. Por falta de orientação adequada, a maioria das pessoas mal sabe donde vem, o que faz na vida e para onde vai. Influenciadas pela propaganda massiva das revistas, dos outdoors, das rádios e principalmente das redes sociais e da televisão, engolem sem mais discernimento uma enxurrada de mensagens desconexas. Informações e imagens de fatos esportivos, notícias religiosas, dados alegres ou trágicos são lançados em grande velocidade para dentro de nossas casas, de nossas retinas e de nossos ouvidos, sem distinção de valores ou contravalores. Tudo é reduzido a um mesmo nível, sem tempo para avaliarmos seu significado, suas consequências, e podermos sentir as emoções correspondentes. Fica tudo pasteurizado, nivelado por baixo, levando-nos à convicção meio inconsciente de que tudo é descartável, inclusive a vida, o amor, o sentido. O resultado é essa multidão de pessoas sem rumo, manipuláveis pelos aproveitadores de plantão – que sempre os há – porque não existe bastante consciência crítica.

E A FRUSTRAÇÃO...
COMO FICA?

Segundo o filósofo e professor Régis Jolivet, a frustração é o sentimento de contrariedade ou de decepção de um indivíduo, que encontra um obstáculo, interior ou exterior, à satisfação de uma necessidade[1]. A frustração é parte inevitável de nosso dia a dia. Ninguém dela escapa. E bem mais vezes do que podemos imaginar à primeira vista. Só será livre interiormente quem souber lidar com esse empecilho. Ora, seria tão bom se não precisássemos passar por isso. Parece de propósito. Justamente quando você desce da calçada e põe o pé no asfalto para atravessar a rua, lá vem um carro, e você se refreia para deixá-lo passar. Parece uma conspiração contra você que, ao apertar o botão de elevador, no seu andar, ele quase sempre passa direto, porque alguém o chamou também lá para os andares de cima. Parece desaforo que cada vez que você ensaia um telefonema, principalmente quando está com pressa, do outro lado ressoa o sinal de "O-CU-PA-DO...". Parece incrível que nos momentos de maior urgência no trânsito, você esbarra com a maioria dos sinais vermelhos.

Por mais feliz que seja nossa vida, ocorrerão alguns fatos desagradáveis, porque, como dizem, "Não há rosas sem espinhos". Coisas acontecem perturbando nossos projetos, desfazendo em chuva irritante os castelos construídos nas nuvens. Vem a falecer

---
[1] JOLIVET, Régis, *Vocabulário de Filosofia*, Rio de Janeiro, Agir, 1975, 101.

uma pessoa querida, o golpe é inevitável. Estamos em férias e, logo nos primeiros dias, acontece um acidente que nos prende ao leito. O dia parecia prometer grandes momentos: eis senão quando, um parente aparece de humor azedo. Estávamos com uma poupança razoável e com o desejo promissor de finalmente reformarmos nosso apartamento: inopinadamente surge no cenário político-financeiro do país um plano econômico de contenção geral, que acaba confiscando nosso rico dinheirinho. Tínhamos colocado o leite a ferver e nos distraímos com a leitura do jornal: já viu...!!! Num final de domingo estamos voltando para casa depois de um passeio, sonhando com um banho refrescante e com um bom filme na televisão: eis que fura um pneu do carro e nos obriga a mais três horas de esforços até podermos chegar em casa.

Tais fatos, corriqueiros na vida de cada um, parecem vozes a gritar "Não pode!" ou "É proibido para você!". Você vai no ímpeto de um desejo, na espera de uma satisfação, e topa com uma espécie de muralha, que lhe impede a passagem.

A causa secreta das frustrações está na *maneira de esperarmos as coisas que podemos prever*. Há, com efeito, duas maneiras, a expectativa e a esperança.

A *expectativa* é a atitude de encarar o futuro pelo prisma exigente dos nossos desejos. Desejamos para nós mesmos coisas certamente boas e razoáveis, como, por exemplo, reformar nosso velho carro ou também pagar em dia todas as contas, mas deixando pouca margem para que as coisas venham a ser diferentes. Queremos porque queremos, e não percebemos a rigidez de nossas previsões. Esquecemos – ou fazemos de conta que esquecemos – que o dinheiro está curto e que será preciso esperar dolorosamente um pouco mais.

Uma jovem senhora contava que, lá pelos seus dez anos de idade, fora assistir com o pai ao filme "O maior espetáculo da terra". Era a história, rica de aventura e drama, do maior circo de diversões de que se tinha notícia. Ficara empolgadíssima com o filme, queria até ir com ele pelo mundo, na ilusão de que seria essa toda a sua felicidade de criança. Chegou a sonhar seguidamente com ele, não querendo depois acordar, para poder prolongar desse modo a sensação de bem-estar. Eis aí, no íntimo de alguém, uma primeira causa das frustrações: as expectativas exageradas, sem o pé no chão da realidade. A gente teima em fixar sonhos, que pouco têm a ver com o real. E, como eles não obedecem a nossos caprichos, nos decepcionamos. Era o caso de dizermos: *Só se desilude quem estava iludido!*

Outra causa de frustração é a *competição*. Mais de 600 psicólogos em minha cidade estavam inscritos num concurso, aberto pela Secretaria de Higiene, candidatando-se a 6 únicas vagas. É claro que, após a avaliação das provas, 594 pessoas ficaram frustradas. O mesmo se diga dos Exames Vestibulares para as faculdades e dos Jogos nas Loterias.

Mais um exemplo. Plantei sementes de tomate em minha pequena área de serviço. Após longa espera, surgiram os pezinhos que, devidamente replantados, continuaram crescendo até chegar à minha altura. Eram cerca de dez tomateiros, viçosos e promissores. Depois de 3 ou 4 meses de torcida, uma única florzinha se transformou em tomate. Era lindo e digno de uma foto. Mas era também o fruto solitário de toda a safra. Que decepção!

Já a *esperança* acredita sinceramente na possibilidade de realizar nossos sonhos, aposta neles, *mas não exige nada*. Aceita as esperas inevitáveis e até mesmo aceita que a coisa não se realize. Longe de um pessimismo inerte e resignado, apenas mantém os dois pés firmes no chão da realidade. Escudada assim pelo Bom Senso, entende positivamente que o que vier é lucro.

Podemos distinguir sete momentos bem distintos no *processo da frustração*. O primeiro é *o próprio fato*, com sua carga de admiração pelo inesperado. Há um susto. A constatação de algo nada interessante e, ao mesmo tempo, inevitável. Já aconteceu! Está ali, diante dos olhos, presente com inapelável crueza, como se tivéssemos, por engano, entrado no túnel de alguma "viagem fantasma", esbarrando arrepiados com caveiras e monstros.

O segundo momento é o da *negação*. "Não! Isso não está acontecendo comigo! Deve ser engano! Por que comigo?!". Por todos os meios vamos procurando alijar dos ombros a carga asquerosa, injusta, opressiva.

Não demora muito e já estamos no terceiro momento, o da *revolta*. "Como fui fazer isso?! Eu sou mesmo um estúpido!!". Em vários casos, os outros serão culpados ou responsabilizados pelo insucesso. "É isso que acontece, quando nos pomos a trabalhar com essa gente! Que raiva que dá!! São todos uns incompetentes! Por que tudo isso tem que acontecer comigo?!". E assim por diante. É fase de cabeça quente, de coração perturbado, de confusão no cenário.

Vem o quarto momento, o da *depressão*, da acomodação no fundo do poço, ou em suas imediações. O moral vai lá para baixo, fogem o brilho do olhar e a firmeza das faces, agora caídas ao peso de um quilo, pendurado de cada lado. Tudo parece perdido. Não adianta mais lutar, quando tudo se perdeu... Como cantava aquela música sertaneja: *Ai, vida marvada, nun dianta fazê nada...* As pessoas podem demorar-se menos nesta fase, conforme o treinamento feliz que se impuseram no decorrer da vida, treinamento de Pensamento Positivo, de "sacudir a poeira e dar a volta por cima". Nada se improvisa, pois não? A prontidão e elegância para a recuperação dependem de trabalho feito consigo mesmo anteriormente. Há pessoas viciadas na depressão, como que inebriadas por um tóxico pela pena de si mesmas, à espera que alguém leia em seu aspecto e em seu rosto quanto estão sendo vítimas coitadas da sorte, e tenha piedade delas...

O quinto momento é o do *bom senso*, do redespertar da lucidez, do desanuviamento da mente e da constatação humilde e realista dos fatos. Sem exagero, sem estardalhaços, sem lamúrias. As dimensões da pretensa catástrofe reduzem-se às de um fato perfeitamente possível para pessoas normais como você e como eu, que não temos obrigação (nem possibilidade) de ser perfeitas, que não estamos ao abrigo de contratempos. "Conhecereis a verdade e a verdade vos libertará", afirma Jesus (Jo 8,32). A realidade, por si só, convida ao equilíbrio, à pacificação da emoção, à resiliência, à retomada do caminho interrompido.

O sexto momento vem, então, como *a luta pela recuperação*. É a possibilidade de reajuste, de recomeço, de superação. Os recursos disponíveis tornam-se novamente evidentes, voltam a coragem assim como a decisão de fazer o que for preciso para resolver o problema, até onde seja possível. Se o leite derramou e chegou a queimar a panela, o trabalho será maior que simplesmente comprar outro litro, mas também isso é possível. Se um parente ou amigo veio a falecer, o jeito será a aceitação pura e simples, com o tipo de fé que se tenha à disposição para nos amparar e fortalecer na esperança. Se o dinheiro nos foi roubado, ainda podemos continuar trabalhando com dignidade. Se um acidente interrompeu nossos projetos de férias, entre outras saídas poderemos ler obras que nos tirem do confinamento e nos carreguem nas asas da imaginação por lugares incríveis do mundo.

O sétimo passo, o do *bem-estar recuperado*, certamente virá, como de novo cantava o nosso caipira: "Não há bem que sempre dure, nem mar (mal) que nunca se acabe". Depois da tempestade vem a bonança. Ainda que nos tivéssemos posto na situação do herói grego, Teseu, obrigado a entrar no labirinto de Creta, correndo o risco de tornar-se possível presa do monstro Minotauro, sempre poderíamos contar com algum "fio de Ariadne", conduzindo-nos com segurança à libertação. "A esperança não engana", martelava o apóstolo Paulo em sua carta aos Romanos (Rm 5,5). Depois da escuridão desconfortável e angustiante do túnel das rodovias de nossa vida, costumam vir a luz e a visão da nova vertente da montanha, como promessas de amadurecimento e de experiência de vida.

EXPERIMENTE TOMAR O PRÓPRIO PULSO

Você pode desde já avaliar como está sua liberdade interior, respondendo honestamente ao teste pessoal que segue. Seja qual for a previsão do resultado, seja sincero consigo mesmo, porque no mínimo acabará conhecendo-se melhor.

Assinale à margem esquerda os itens com que concorda ou que lhe são próprios:

SE FOR UM POUCO, com um X, SE FOR BASTANTE, com dois XX

| Viver bem é viver ao menos até os 80 anos |
| A felicidade inclui necessariamente ter muito dinheiro |
| Só estou bem se os outros me agradam |
| Gosto de mandar e de ser obedecido |
| Não abro mão de boa comida e bebida |
| Sou "amarrado" em novelas e filmes |
| O trabalho me absorve o tempo todo |
| Tenho "pavio curto", não demoro em explodir |
| Não suporto errar |
| Deixo com frequência para depois o que posso fazer agora |
| Sou apressado e vivo na correria |
| Tenho medo de morrer cedo |
| Dinheiro curto me tira o sono |
| Tenho a tendência de sempre fazer o que os outros querem |
| Faço questão de ter cargos importantes |

Sou chegado a lambiscar fora de hora

Gasto horas em jogos (cartas, bingo, games do computador...)

Costumo levar trabalho para continuar em casa

Não levo desaforo para casa

Sou minucioso e detalhista quando explico as coisas

Olho as manchetes do jornal e não leio a matéria toda

Minha vida é uma correria

Ando preocupado com minha saúde e a dos meus

Meu sonho é ganhar uma bolada na loteria

Digo muitas vezes SIM quando quero dizer NÃO

Onde eu estou, gosto de ser o(a) chefe

Sou chegado a fazer regime e dietas

Gosto de jogos de computador

Prefiro trabalhar sozinho a depender de outros numa equipe

As frustrações me deixam deprimido(a)

Não gosto e fico chateado, quando me engano

Não costumo agendar meus compromissos de maneira clara

Costumo preocupar-me em saber que horas são

(Ao finalizar, reflita sobre os resultados. Pode mesmo conferir com alguém).

DE BÚSSOLA EM PUNHO

Consta que a bússola foi descoberta pelos marinheiros chineses e escandinavos lá pelo século XII. A palavra vem do latim "buxida", caixinha, referindo-se a uma agulha imantada que pode girar na horizontal sobre um eixo vertical, sempre apontando para o Norte magnético da Terra. O engenhoso instrumento desde aquele tempo veio ajudando navegadores e viajantes a orientar-se, a descobrir para onde deviam velejar ou caminhar, a fim de chegarem a seu destino. "Orientar-se", aliás, vem de "oriente", o leste, um dos pontos cardeais.

De bússola em punho podemos ir nós também sempre na mesma direção, se estivermos atravessando um bosque cerrado, pois é comum nos desviarmos por causa do emaranhado da vegetação e dos desníveis do solo. Tem ocorrido que excursionistas ali se percam e fiquem andando inutilmente em círculos.

De maneira semelhante, pensando sobre qual seria o critério ou bússola para conseguirmos uma liberdade autêntica, vamos encontrar em primeiro lugar a *autonomia* como Norte. Significa sermos donos do próprio nariz, como já vimos anteriormente. Significa sermos lei para nós mesmos, sermos senhores de nossa vida.

Autonomia, porém, não é o mesmo que independência. Podemos chegar a ser autônomos – e é o ideal – mas jamais seremos independentes. Dependemos uns dos outros. Isso é tarefa para a vida toda. "Ninguém se torna o máximo de repente", diziam os antigos (*Nemo repente fit summus*)[1]. É questão de saber a receita,

---

[1] Santo Tomás de Aquino, *II Sentenctiae, Distinctio 43, Quaestio 1*, citando São Bernardo Sermão 4 sobre o Cântico dos Cânticos.

como quem está aprendendo a andar de bicicleta, e pratica até pegar o jeito, o equilíbrio, a maestria. Aprender e treinar. Vale a pena. Por aí o sucesso é garantido. Em outras palavras, a vida inteira é processo de libertação. Existe, portanto, um ideal de Equilíbrio, principalmente interior, digno de ser buscado e trabalhado com o maior cuidado na duração de nossos dias.

DA FAMA À CERTEZA

Para entendermos melhor a questão do equilíbrio, vale aqui uma pincelada sobre a imagem social das pessoas. Há muita gente famosa em todas as épocas da humanidade, personalidades que brilham no palco da sociedade por mais ou menos tempo. Algumas assemelham-se a pirilampos, com brilharecos intermitentes, outras como relâmpagos que luzem no horizonte sem maior repercussão do que um longínquo esboço de trovão.

Outras permanecem presentes como trovoadas e coriscos de um ou mais dias, impondo certo respeito, como tempestades e ciclones que se esquecem depois de algum tempo. Os meios de comunicação social estão diariamente trazendo sua presença aos olhos e aos ouvidos de todo mundo, nem sempre como modelos de bem-estar e libertação. Passam rapidinho ali figuras de líderes políticos, artistas da música e do cinema e esportistas incríveis, assim como escritores best-sellers e até assustadores criminosos.

No entanto há gente que fica presente na História mais do que a aparição de cometas com suas caudas impressionantes de luz, mais do que os recordes lembrados no *Guinness Book*. São estrelas no firmamento da memória humana, são figuras clássicas de lembrança inesquecível. Sem dúvida tal persistência é devida a qualidades fora do comum e, por isso, sua fama atravessa os séculos.

Sem a pretensão de ordem cronológica ou de igualar méritos, vale lembrar Abraão com seus filhos, Johan Sebastian Bach, Mahatma Gandhi, Luiz Vaz de Camões, Sigmund Freud, Charles Chaplin, Cleópatra, Karl Marx, Martinho Lutero, Maquiavel, Pablo Picasso, William Shakespeare, Napoleão Bonaparte, Michelangelo

Buonarroti, Julio Verne, Rainha Vitória, Machado de Assis, Joana D'Arc, Elvis Presley e tantos outros. Mais que todas, Jesus Cristo e Maria, sua mãe, atravessaram os séculos, a ponto de definir os tempos, antes (a.c.) e depois (d.c.) deles.

Desde antes de Cristo, muitos historiadores relataram fatos, tanto sobre guerras quanto sobre a vida comum de seus povos. Heródoto, Tucídides, Tácito, Suetônio e outros entre gregos e romanos expunham seus relatos com exatidão relativa, por causa da tendência retórica da época. Sendo assim, muitos testemunhos, mesmo com a melhor das intenções, foram transmitidos de forma enganosa a respeito dos fatos que presenciaram.

Foi a partir do século XVII que a História deu uma guinada para seu aspecto crítico, muito por influência de Renée Descartes, com o conceito da "Dúvida metódica". Responsáveis primeiros pela maior exigência na descrição dos fatos foram Papebroeck (1528), Mabillon (1632) Richard Simon (1638) e Espinosa (1632), insistindo na diferença entre documentos improváveis e míticos, de um lado, e os fatos verdadeiros, de outro. A História, com isso, é concebida hoje como a ciência que estuda o ser humano e suas atividades dentro das coordenadas do tempo e do espaço, num processo investigativo do conhecimento.

Dentre os vários formatos da Crítica Histórica, excede o chamado "processo de canonização dos santos" da Igreja Católica Apostólica Romana. Inicialmente só o Papa tinha o poder de declarar cristãos como santos ou santas. Por influência da nova vertente da História, também na Igreja apertou-se aquele processo, de modo a ser provavelmente o mais rigoroso no exame sobre a vida de um indivíduo. Não apenas o "ouvi dizer" das testemunhas é considerado, mas, por uma minuciosa investigação dos escritos e demais circunstâncias, a vida dos tidos como santos é devassada até a exaustão, incluindo aí seu comportamento social e sua fisionomia psicológica.

A razão de trazer a presente reflexão é agregar a estas páginas a contribuição de personalidades de peso e equilíbrio extraordinários, para entendermos sempre melhor as questões referentes à liberdade, objeto pontual de nosso interesse. Pessoa digna de imitação – como é o caso dos heróis e dos santos – é aquela que conserva o equilíbrio da personalidade, como ocorre com o fiel duma balança bem calibrada.

A palavra equilíbrio faz pensar em balança de dois pratos, *aequa-libra* em latim. Consta que a balança foi descoberta pelos egípcios, 5000 anos a.c., com a finalidade de medir a massa dos corpos. Num prato eram colocados pesos padronizados de massa conhecida. No outro, o objeto a ser avaliado ou medido. A posição de equilíbrio era indicada pelo ponteiro, o *fiel*, quando totalmente na vertical. Portanto dizemos ainda hoje que a balança está equilibrada quando os pratos estão nivelados, e o ponteiro aponta para o centro de um pequeno mostrador.

Falar de equilíbrio é falar da estabilidade no justo meio. Também se diz do estado de repouso de um corpo, apesar de solicitado por duas ou mais forças opostas, que acabam se anulando, como aconteceria se com igual energia um carro atolado fosse puxado dos quatro cantos simultaneamente por cordas esticadas!!!

No plano mental e emocional, podemos dizer o mesmo. Podemos falar da estabilidade resultante da ponderação de motivos diferentes e opostos, como acontece quando as razões pró e contra, para alguém participar de uma excursão, apresentam-se com o mesmo peso, deixando a pessoa livre para ir ou não ir, sem que qualquer decisão posterior a faça menos feliz.

Nesse sentido, a imagem da balança parece bastante interessante para começarmos a conversar sobre a atitude que no século XVI Inácio de Loyola propunha como fundamental para nos sentirmos libertados[1].

Ele a chamava de "indiferença", em grego *apátheia*. Não no sentido, hoje comum, de estarmos desinteressados por certo assunto, como quando dizemos: "Estou indiferente quanto a ir ao Japão, tanto faz se vou ou não vou!" O sentido pretendido por ele, entretanto, era este outro: *Entre ir e não ir, quero estar internamente livre, de modo que, se precisar, irei de boa vontade, sem constrangimentos*

---

[1] O contato que pude ter com a biografia extraordinária desse cavaleiro basco, levou-me à verdadeira admiração por sua personalidade forte e equilibrada, e à convicção de ele ter sido, no século XVI, um precursor da Psicologia, quando nem se sonhava com a existência dessa disciplina.

ou pressões, sem relutâncias, sem problemas, enfim. Mas também, se por algum motivo não for, não me sentirei prejudicado nem farei problema disso. Continuarei em paz.

Tal disposição mostra um grau excelente daquela Autonomia de que falávamos anteriormente. Dado que da manhã à noite nos encontramos diante de inúmeras opções e que várias delas nos comprometem ou afetam emocionalmente, podemos dizer que a *indiferença (ou liberdade interior) é atitude necessária o tempo todo*, como pano de fundo de todas as nossas escolhas. Sem ela facilmente nos tornamos vítimas do que o mesmo Inácio chamava de "afetos desordenados". Disto voltaremos a falar um pouco mais adiante. Para o momento, basta adiantarmos algumas de suas características:

- É *equilíbrio*: o justo meio na balança da afetividade e da razão, sem nos deixar cair em exageros ou compromissos menos razoáveis.
- É *pacificação*: repouso dinâmico na segurança. Dinâmico porque ativo, seguro porque afasta toda dúvida.
- É *discernimento* crítico: percepção das opções, à luz da Opção Fundamental, visualizando o conjunto das circunstâncias que vivemos no momento e tendo a percepção nítida do que realmente importa.
- É *prudência*: decisão pelos melhores caminhos para realizar a Vontade de Deus, dentro da coerência básica de quem sabe o que quer, e não deseja expor-se a erros desnecessários.
- É *prática do Magis* (= Mais, em latim): prática da generosidade, atitude de quem vive o entusiasmo lúcido de que vale a pena dar tudo pelo ideal mais seguro e mais empolgante.
- É *heroísmo*: o exercício prático do amor, levado às últimas consequências.
- É *libertação* interior: disponibilidade plena, sem qualquer sombra de compromissos escusos.
- É *ausência de expectativas*, apenas sentimento de fé e esperança.

A INDIFERENÇA INACIANA

Quem era Inácio de Loyola? Convém termos uma breve imagem a seu respeito para podermos entender suas ideias. Nasceu na província de Guipúscoa, nos Países Bascos, no final do século XV (1491), um ano antes da chegada de Colombo à América. Foi educado no ambiente da nobreza espanhola, amigo de danças, lutas de espadas e cavalaria. De temperamento colérico, como o descrevem os contemporâneos, envolveu-se mais de uma vez em brigas e desordens.

Desejava ser excelente cavaleiro e conquistar a mão nada menos que de uma princesa. No confronto com os franceses, quando comandava a defesa da fortaleza de Pamplona, foi ferido por uma bala de canhão. Com sua queda, a guarnição entregou-se, mas os adversários o trataram com grande respeito por sua grande coragem e o levaram para o castelo de Loyola, onde ficou entre a vida e a morte. A leitura dos dois únicos livros disponíveis no castelo, a Vida de Cristo e a Vida dos Santos, alimentou suas reflexões durante a convalescença por muitos meses, e o levou a uma experiência de profunda revisão do seu estilo de vida.

A alternância dos pensamentos entre por uma parte ser um cavaleiro de Cristo como os santos e, por outra, a lembrança gostosa da vida da corte e os sonhos com sua amada, despertaram nele uma finíssima percepção sobre a arte do discernimento e das emoções. Decidido a dedicar a vida daí por diante ao único Rei que lhe merecia uma entrega generosa, como era de seu estilo, saiu como peregrino em direção à Terra Santa, onde queria seguir as pegadas de Jesus Cristo.

Em meio ao caminho, parou por dez meses na cidadezinha de Manresa, próxima de Barcelona, onde aprofundou a experiência interior e começou as anotações que viriam a constituir seu livrinho dos *Exercícios Espirituais*[1]. Depois, de Barcelona foi para Jerusalém, mas em curto prazo percebeu que devia voltar para a Europa e estudar, como verdadeiro humanista no melhor sentido, a fim de colocar seus préstimos a serviço do Reino de Cristo. Enquanto estudava na Universidade de Paris, reuniu em torno de si o grupo de dez companheiros, que viriam a formar a Ordem dos Jesuítas, a Companhia de Jesus[2].

O lugar onde melhor transparece a finura psicológica de Inácio são seus *Exercícios Espirituais*. Todo o método que ele propõe é altamente pedagógico, sobressaindo o que diz respeito às várias séries de Anotações e do que chamava de *Regras de Discernimento*. O objetivo é a Maturidade Humana e Cristã, estado geral em que o indivíduo goza de completa e estável diferenciação e integração somática, psíquica e mental, e está preparado para cumprir, a qualquer momento, as tarefas com que se defrontará, e encontrando-se à altura das exigências da vida.

Logo no início do treinamento, se assim podemos chamar os Exercícios, Inácio propõe o *Princípio e Fundamento*, portal em que resume o sentido da vida humana e de todas as coisas que nos rodeiam. Dentro desse capítulo é que ele introduz o conceito da Liberdade Interior, sob o título de "Indiferença".

Para sentirmos o que isto seja na vida prática, aqui vão alguns casos concretos, na esteira daquele provérbio chinês: "Uma imagem vale mais do que mil palavras". Os exemplos irão assim abrindo caminho para ilustrar futuras explicações. Em todos eles se supõe que *continuaremos tranquilos e em paz se...*

❖ Se recebermos ou não resposta a um e-mail ou telefonema que demos,

---

[1] Cf. Santo Inácio de Loyola, *Exercícios Espirituais*, São Paulo, Loyola, 2000.
[2] A bibliografia sobre Inácio e sua obra, incluindo as Constituições da Companhia de Jesus e centenas de cartas, é imensa e de preciosas orientações psicológicas. Sobre sua personalidade há muitas obras de historiadores. Gosto de lembrar a que escreveu Huonder, *Contribuições para o estudo de um caráter*, traduzido do original alemão para o português mas não publicado. Sua leitura convenceu-me ainda mais da importância psicológica de Inácio.

❖ Se o dia amanhecer lindo ou, pelo contrário, nublado e chuvoso,
❖ Se conseguirmos atravessar a noite num sono direto até pela manhã ou, pelo contrário, formos acordados durante a noite por pernilongos, por "trotes" telefônicos ou barulhos da rua,
❖ Se encontrarmos no café da manhã todo o necessário e desejável, ou percebermos que faltam coisas não só básicas, mas também apetecíveis,
❖ Se tivermos à disposição o calçado conveniente, ou descobrirmos que justamente aquele preferido se estragou,
❖ Se conseguirmos condução fácil para o trabalho, ou toparmos com ela superlotada e o trânsito especialmente congestionado,
❖ Se tivermos espaço e tempo para nos deliciar gostosamente com uma tarefa prevista, ou formos interrompidos uma e outra vez, ou mesmo impedidos de continuá-la,
❖ Se realizarmos o encontro desejado com certa pessoa, ou se recebermos aviso de que não será possível dessa vez,
❖ Se escrevermos com desembaraço um texto criativo, ou nos sentirmos vazios de inspiração,
❖ Se recebermos da nossa Editora aprovação para um novo livro nosso, ou de lá vier a desculpa de que a obra não se adapta à linha de suas publicações,
❖ Se formos apreciados e até elogiados por nossas boas ações ou, pelo contrário, mal-entendidos e criticados ou, ao menos, nem formos lembrados por ninguém,
❖ Se ao querer pegar um salgadinho na bandeja da festa percebermos que outra pessoa se apressou em pegar justamente aquele,
❖ Se passarmos em frente de uma sorveteria ou loja de chocolates e percebermos que ou não temos o dinheiro na hora, ou não podemos comprá-los desta vez por alguma prescrição médica,
❖ Se temos consolações sensíveis na oração, durante os *Exercícios Espirituais*, ou precisamos continuar apenas na obscuridade da fé e na fidelidade,

❖ Se encontramos um pneu furado no carro, sem que isso nos estrague o dia,
❖ Etc., etc.[3].

Longe do propósito de Inácio, e do nosso, pensarmos num falso ideal de frieza e quase insensibilidade, no que diz respeito às emoções. Inácio era homem de muitas emoções. Sabia quanto elas são importantes para impulsionar qualquer pessoa ao sucesso nos empreendimentos, e as vivia intensamente. Tratava as pessoas, de dentro e de fora de sua comunidade religiosa, com atenção e ternura, especialmente as mais frágeis e abandonadas da sociedade. Ao mesmo tempo conservava impressionante autocontrole, embora sem rigidez, transbordando tranquilidade e paz. Pretendia ajudar os "exercitantes" (os que se submetiam à experiência dos *Exercícios Espirituais*) a ordenar a própria vida sem os impedimentos e as incoerências do que chamava de "afetos desordenados". Ensinava uma vida cheia de lógica, inspirada ao mesmo tempo no calor do apaixonamento pelo Rei Eterno, Jesus Cristo. Queria que cada ser humano se encantasse a tal ponto pelas propostas do grande Rei, de modo que vivesse intensamente o sentido autêntico da vida.

---

[3] Várias citações interessantes estão disponíveis em Apêndices (I e II) no final deste livro, para enriquecimento de nossa informação.

ALGUNS PRESSUPOSTOS DA LIBERDADE

Liberdade é a faculdade de fazer voluntariamente o bem, não o mal. Alguém poderia dizer: "Isso é óbvio!" Mas podemos pensar: Óbvio para quem?! *O ser humano é livre quando tem a força para vencer o mal*[1].

As áreas em que acontece nossa liberdade – ou a falta dela – merecem ser lembradas por um momento, porque delas depende em boa parte seu desempenho mais ou menos feliz.

São áreas externas de nossa existência:

❖ *Nossa família:* pais, filhos, irmãos, auxiliares domésticas, parentes muito próximos e até a casa, o cachorrinho e o papagaio. É o lugar em que aprendemos a conviver com as pessoas, tanto as maiores quanto as menores e as iguais. Pode ser ambiente harmonioso, como também de competição, marginalização, disputas e solidão.

❖ *O ambiente social que frequentamos:* contam-se aí os vizinhos, a praia, o clube e todas as pessoas conhecidas com

---

[1] HÄRING, Bernard, *A Lei de Cristo*, op. cit., 149. "A esperança cristã, bem como o desejo de crescer no reino da liberdade, precisam encarar a possibilidade de que a liberdade venha a ser erradamente usada para o mal e para a autodestruição. Mas a luta contra o mal só é possível para aqueles que têm esperança e são capazes de oferecer ao mundo uma esperança ainda maior. A esperança que se baseia na promessa divina e na missão, é a única que nos fortifica na luta interminável contra o mal, em nós mesmos e no mundo em torno de nós." – "Principalmente a liberdade humana precisa ser apresentada em todas as suas dimensões, individual e social, pessoal e institucional, a liberdade para amar e para ordenar as condições de vida. Assim, as pessoas hão de entender não só que a revolta contra Deus é uma revolta contra todo o sentido da vida humana, mas também que a negligência da integridade, do sentido total da liberdade, implica uma revolta contra Deus".

que nos relacionamos um pouco. Pode ser considerado extensão de nossa casa, se nos permitimos ter razoável grau de abertura e comunicação. É oportunidade de aplicar a atitude de amizade e solidariedade aprendida em família, assim como de exercitar a Assertividade com que garantimos com firmeza o respeito pelos nossos bens e direitos, muito embora com educação, gentileza e até diplomacia sincera.

❖ *O Par, namorado ou cônjuge:* relação delicada em que unimos nossa vida com a de mais alguém, a fim de caminharmos juntos e construirmos uma vida a dois. É experiência de abnegação, prudência e muito amor, porque, ao mesmo tempo em que podemos receber muita riqueza dessa pessoa, precisamos ajustar com ela nosso passo e nosso ritmo. Afinal de contas, cada uma vem de uma diferente história de vida, que precisa ser respeitada e favorecida em tudo que seja possível, para que progrida ainda mais. É campo de surpresas agradáveis e, eventualmente, desagradáveis. Em todo caso, o saldo pode ser altamente positivo.

❖ **Trabalho e Estudo**: Estudamos para nos capacitar a uma profissão na qual venhamos a desenvolver nossas potências naturais. Nada como poder trabalhar em coisas que a gente gosta de fazer. Agora, após a formação técnica ou acadêmica, será preciso continuar a estudar, no sentido de nos manter em dia com os avanços de nossos conhecimentos, porque a ciência e a técnica não param de progredir, as pesquisas andam a galope, e quem para de se informar vai ficando para traz.

São áreas internas de nossa pessoa as seguintes:

❖ *Área de saúde* é o aspecto de nós mesmos onde podemos olhar para o estado geral de nosso organismo e seu bem-estar. Os problemas de saúde, como ensina a Psicossomática, têm tudo a ver com o estado de nossa mente. Os sintomas físicos costumam ser o reflexo corporal das emoções não devidamente trabalhadas. Podemos dizer que, se estivéssemos inteiramente equilibrados emocionalmente, não ficaríamos doentes. Dada porém a complexidade e o emaranhado das coisas que sentimos e com que em geral não sabemos lidar, as afecções físicas surgem como último recurso de nosso inconsciente para nos alertar de que algo está precisando ser feito.

- ❖ *Área mental:* abrange praticamente tudo que somos, como alma de nossa vitalidade e movimentadora de cada centímetro de nosso ser. Inclui a *inteligência* com nossos pensamentos, criatividade e fantasias; a *afetividade* com nossos desejos e emoções, nossos sonhos e pesadelos; a *vontade* com nossos projetos e nossas decisões; nossa consciência exterior e interior, assim como tudo que nos é inconsciente. Este é um oceano insondável e misterioso.

- ❖ **Área de Transcendência:** refere-se a tudo que nos ultrapassa de alguma maneira: aos estados alterados de nossa consciência, estudados pela Parapsicologia, assim como à nossa relação com o Ser Supremo, nossa religiosidade e nossa vida de oração.

A estrutura de nossa personalidade pode ser comparada aos vários níveis de um pequeno prédio de três andares, mas de tal forma integrados que só se possa pensar neles como um todo conectado. Essa proposta, como se fosse um "croquis" imaginário, feita por Eric Berne, psiquiatra e psicanalista canadense, traz para nosso uso uma compreensão mais ágil e gráfica daquilo que somos e de como funcionamos. Podemos, assim, distinguir três estados de nosso Ego, que surgem a partir de nossa infância e depois permanecem presentes o resto da vida, com as necessárias adaptações.

O nosso *Estado Criança*, surge desde que fomos gerados e desde que nascemos. É um complexo de todos os sinais de vida, um feixe de emoções que praticamente se reduzem a *gostar* e *desgostar*. Naquela fase acolhemos o que nos agrada e rejeitamos o que nos desagrada. É bem verdade que, ao nascermos, já vínhamos de uma quantidade de pequenas experiências desse tipo, captadas da mãe durante a gestação e, através dela, aprendidas do pai e das demais pessoas e coisas do ambiente. Seríamos uma "Criança Livre", mas em termos. Na convivência com os familiares, fomos nos adaptando aos usos e costumes da casa, porque cada família tem sua maneira própria de pensar, de decidir, de se divertir e assim por diante.

Por isso, cada criança vai crescendo dentro de padrões que não escolheu propriamente para si. Admite-os como quem engole o que lhe oferecem, porque não tem ainda o discernimento para perceber o que realmente lhe será mais saudável para a saúde física e mental. Introjeta, assim, manias e tendências que vai levar pela vida a fora, precisando talvez mais tarde fazer todo um trabalho psicoterapêutico para livrar-se do que lhe é uma carga inútil e indesejável. Diante das circunstâncias do dia a dia, vai formando atitudes, ora de submissão, ora de rebeldia, e reagindo dessa forma ainda na idade adulta, simplesmente porque assim aprendeu.

O *Estado Adulto* (adulto aqui não é idade, mas maneira de ser) começa a surgir por volta dos dois ou três meses depois do nascimento. Consiste basicamente na *capacidade emergente de entrar em contato com a realidade*. Curiosamente, os primeiros sinais de que a criança está tendo tal experiência é o fato de que sorri ao perceber sobre si, no berço, os olhos e o rosto das pessoas mais próximas, entre elas mãe e pai. Com o tempo e as sucessivas experiências dos anos de vida, esse Estado (que não é idade – de novo –, mas está presente em todas as idades) vai-se desenvolvendo. O máximo dessa evolução é a Consciência Crítica, a capacidade de *discernimento* entre coisas e valores, sem tomar gato por lebre nem confundir o Bem com o Mal.

O *Estado Parental*, assim chamado por ser formado em sua maior parte pela influência dos pais e outras pessoas crescidas (parentes, professores, filmes, leituras...), começa a estabelecer-se por volta dos nove meses após o nascimento. Coincide com a fase em que a criança começa a engatinhar e, com isso, começa a fugir do controle dos que dela cuidam. Como agora pode mexer nisso e naquilo dentro de casa, as pessoas com frequência lhe dizem "Não!, Não mexa!, Não toque!, Cuidado!" e assim por diante. A distinção entre o Sim e o Não é o início dos *conceitos morais*, daquilo que pode e do que não pode fazer, do que deve e do que não deve.

Esse Estado Parental funciona como verdadeiro gravador, onde vão sendo gravadas, desde os primeiros anos, as vozes de comando ou de proibições, os valores de bondade e beleza assim como os contravalores, o feio, o mau e assim por diante. Com o correr dos anos, a criança, já crescida, esquece-se que as vozes que escuta internamente são de outros, e vai agindo de acordo com esses mandamentos e prescrições pela vida a fora. Entram aí as inúmeras ordens e regulamentos, os preceitos religiosos, os códigos de postura, as leis de trânsito e assim por diante.

Olhando esses três Estados, dá o que pensar sobre o grau de liberdade que temos, afinal de contas. O *Estado Criança*, como sempre independentemente da idade cronológica, é parcialmente livre enquanto somos espontâneos, mas bastante condicionado por todo o trabalho de adaptação que fomos levados a fazer sob a pressão mais ou menos inconsciente da família, da escola e das instituições em cujo meio fomos crescendo. O *Estado Parental*, como vimos, é todo regulador de nosso comportamento, "tratando-nos como crianças o tempo todo"[2].

O único Estado realmente libertador é o *Estado Adulto*. Por que? *Porque é em nós a única instância que pensa e, se bem entendido e bem vivido, nos põe em contato direto com a realidade, com a verdade de nós mesmos, das pessoas e das coisas em volta.* Confirma aquilo que Jesus dizia: "Conhecereis a verdade e a verdade vos libertará" (Jo 8,32). Quanto mais realistas, quanto maior nosso bom senso – em outras palavras, quanto mais humildes formos, o que é a mesma coisa – tanto mais livres seremos.

---

[2] Esse Estado coincide parcialmente com o que a Psicanálise aprendeu a chamar de Superego.

A QUESTÃO DOS APEGOS

Com fina observação psicológica, Inácio de Loyola uma e outra vez refere-se à questão dos "apegos", colocando o controle sobre eles como condição básica para nossa liberdade. E tem razão porque, caso contrário, estaríamos fazendo como os macaquinhos caçados na floresta. Quando os caçadores querem pegar um deles, colocam milho numa cumbuca de abertura mais ou menos estreita. Chega o macaquinho, enfia a mão na cumbuca, enche-a com um punhado de milho e... não consegue mais retirá-la. Fica ali preso pela própria ganância, à mercê dos espertos caçadores.

No entanto, é preciso distinguir entre apegos e apegos. Apegos há que são honestos e necessários. Precisamos *usar* de muitíssimas coisas que nos cercam, venham da natureza, venham da industrialização humana, pelo simples fato de que dependemos de pessoas e de objetos. Foi assim que Deus dispôs nossa vida, de modo que tivéssemos todos os recursos necessários para uma sobrevivência digna.

Aliás, o livro do Gênesis acusa repetidamente o que Deus pensou ao criar tudo isso: "E Deus viu que isso era bom" (Gn 1,10.12.18.2125.31). O apóstolo Paulo o dirá depois de forma ainda mais abrangente:

> ...que ninguém se glorie nos homens. Porque tudo é vosso, quer seja Paulo, ou Apolo, ou Cefas, ou o mundo, ou a vida, ou a morte, ou o presente ou o futuro. Tudo é vosso! E vós sois de Cristo e Cristo é de Deus (1Cor 3,21-23).

Isso posto, basta lembrar o que acima conversamos sobre a Escala de Prioridades. Ou seja, que há coisas *urgentes*, outras *necessárias*, outras ainda úteis ou simplesmente *agradáveis* e até algumas *supérfluas*. Podemos e, eventualmente, até precisemos lançar mão destas coisas, justamente porque não somos autossuficientes. Podemos e devemos ter um "apego bem ordenado" a seu respeito. Somos ricos de recursos, porque o Criador nos cercou de uma natureza rica, onde podemos encontrar tudo o de que precisamos.

O problema acontece quando alguns dentre nós, marcados por certa miopia mental, tentam assegurar-se desses bens exclusivamente para si, amealhando em seu proveito a maior quantidade possível, com prejuízo de grande parte da humanidade, que fica privada desses bens, apenas sobrevivendo com suas migalhas.

Outro pressuposto para o reto uso da liberdade é a consciência clara sobre o *sentido da vida*. Ajuda-nos para maior clareza o que escrevia Viktor Frankl, que já citamos anteriormente.

> Ao declarar que o ser humano é uma criatura responsável e precisa realizar o sentido potencial de sua vida, quero salientar que o verdadeiro sentido da vida deve ser descoberto no mundo, e não dentro da pessoa humana ou de sua psique, como se fosse um sistema fechado. Chamei esta característica constitutiva de "a autotranscendência da existência humana". Ela denota o fato de que o ser humano sempre aponta e se dirige para algo ou alguém diferente de si mesmo – seja um sentido a realizar ou outro ser humano a encontrar. Quanto mais a pessoa esquecer-se de si mesma – dedicando-se a servir uma causa ou a amar outra pessoa – mais humana será e mais se realizará. O que se chama de auto realização não é de modo algum um objetivo atingível, pela simples razão de que quanto mais a pessoa se esforçar, tanto mais deixará de atingi-lo. Em outras palavras, a auto realização só é possível como um efeito colateral da autotranscendência. Até aqui mostramos que o sentido da vida sempre se modifica, mas jamais deixa de existir.
> De acordo com a logoterapia, podemos descobrir este sentido na vida, de três diferentes formas:
> 1. criando um trabalho ou praticando um ato;
> 2. experimentando algo ou encontrando alguém;

3. pela atitude que tomamos em relação ao sofrimento inevitável... A segunda maneira de encontrar um sentido na vida é experimentando algo – como a bondade, a verdade e a beleza – experimentando a natureza e a cultura ou, ainda, experimentando outro ser humano em sua originalidade única – amando-o[1].

O próximo alerta para sermos livres é que nos desiludamos a respeito do "Certo" e do "Errado". Não é verdade que muitíssima gente se governa por esses conceitos? Fazem o que é certo e evitam o que é errado. Até que ponto têm razão? Até que ponto são livres?

Podemos valer-nos por instantes do que nos ensina a Filosofia, quando trata da Lógica Formal. Diz que *estamos certos quando estamos seguros de alguma coisa*. Por exemplo, que faz sol, quando ele está lá brilhando nas alturas. Ou que chove, quando do céu caem as gotas de água e molham o chão. No entanto, estar seguros é questão interna de nossa consciência. Assim, por exemplo, Galileu Galilei afirmava que o sol é o centro do sistema, não a terra, como acreditavam seus contemporâneos. O pior é que todos estavam "certos", porque todos se sentiam seguros do que achavam.

Certo e Errado são termos "contrários", não "contraditórios". Qual é então o conceito de certo? *É aquilo de que se tem segurança, é o que se aceita e se afirma sem sombra de dúvida.* É certo que você, neste momento, está percorrendo estas páginas, nem há por que duvidar. O oposto do certo não é o errado, mas o "duvidoso", aquilo sobre que você não sente segurança, seja para aceitar seja para afirmar. Por exemplo, você pode ter dúvidas sobre o modo como este livro terminará.

Onde entra, então, o "errado" e, por consequência, o "erro"? É outra constatação curiosa. Errada é a posição de alguém que defende com segurança uma asneira. Em outras palavras, *errado é aquele que afirma com segurança uma inverdade* (não necessariamente uma mentira). Ou ainda, "errado" é aquele que está "certo" com suas tolices. Aquele, porém, que pensa, aceita e afirma uma verdade, esse é certo e "reto" ou "correto".

---

[1] Frankl, V., *Em busca de sentido,* Petrópolis, Vozes, 1994, 99-100.

Não tenho a menor pretensão de que alguém deixe de usar os termos "certo" e "errado" da forma inadequada com que a maioria costuma falar. No entanto, é importante ao menos termos presente a distinção acima, em vista de melhor discernimento e, por conseguinte, de maior liberdade.

Existem erros em todas as áreas. Os contemporâneos de Galileu Galilei viviam o erro cultural e científico de colocarem a terra como centro dos sistemas astronômicos. Inúmeras religiões primitivas erraram no plano teológico, que lhes era próprio (e no científico que sempre se supõe) ao tentarem explicar fenômenos naturais, sonhos por exemplo, através da presença de seres preternaturais como duendes e demônios.

Erram ainda hoje certos médicos de orientação puramente organicista ao não reconhecerem suficientemente a influência mútua entre espírito e organismo, ou seja, ao desconhecerem a psicossomática. Erram eventualmente ao fazer o diagnóstico de uma doença ou ao indicarem cirurgia para certos casos em que bastaria um tratamento medicamentoso ou um plano de fisioterapia.

Erram dentistas nas restaurações de dentes, erram contabilistas no balanço das firmas, erram bancários ao fechar o caixa, erram cozinheiras no tempero, erram psicólogos em algumas interpretações, erram governantes em seus projetos, erram juízes em suas sentenças, erram engenheiros em seus cálculos, erram costureiras ao tomar as medidas e cortar o pano, erram pedreiros na proporção da areia e do cimento na argamassa, erram professores na correção de provas, erram pais, erram filhos, erramos todos. Ninguém está livre de erro, porque esta é a condição humana.

Erram as crianças por imaturidade inconsciente, quando enfiam um objeto na tomada de luz, ou por imaturidade consciente, quando, com o mesmo gesto, pretendem contrariar a mãe ou obter algum outro benefício. Erram os adultos voluntariamente, quando desobedecem a um preceito da consciência, como roubar, adulterar ou boicotar projetos válidos de outros. Erram involuntariamente em inúmeras situações, como quando engatam uma quarta marcha do automóvel em vez de uma segunda, ou quando marcam um X no lugar errado no teste de múltipla escolha, coisa própria de aprendizes.

"Errar é humano, só perseverar no erro é burrice". Vale lembrar aqui o livro da Sabedoria, quando diz: "A vida e a morte, o bem e o mal estão diante do homem; o que ele escolher, isso lhe será dado". Nem se há de exigir inerrância de ninguém. Digo mais, errar é sagrado direito. Basta que não o façamos de propósito. Direito sagrado e intocável é o de sermos o que somos por natureza. Ora, só Deus é perfeito. Nós, por natureza, somos limitados, embora capazes de muitas coisas.

Por isso erramos no plano intelectual, como erram todos os pensadores e cientistas; erramos no plano técnico como todos os especialistas; no plano educacional como todos os pais, filhos e pedagogos; no plano moral porque todos inevitavelmente somos incoerentes, num ponto ou noutro.

Outro pressuposto à liberdade é o *domínio das nossas tendências*, o controle adulto de nossas emoções. As emoções formam um capítulo fascinante na construção da personalidade. Existem desde a concepção, como equipamento original de nossa maneira de existir. São inteiramente naturais, dons de Deus, portanto. Dominar as paixões equivale a fazer com elas o que um vaqueiro faz com os potros indomados. Pode este, como muitos fazem, montar em cima, de espora e bridão que lhes ferreteiam o focinho e os flancos, obrigando-os à força a andar no passo desejável.

Pode, igualmente, como outros mais sensatos e experientes, conquistar os animais pela via do agrado e do carinho, mantendo em mira o momento em que poderão montá-los sem o risco de ser cuspidos para fora da sela. Na história da chamada "ascética cristã" ambos os métodos têm sido aplicados. A finalidade tem sido, ao menos nominalmente, a mesma: subjugar as paixões ao cumprimento da Vontade do Criador. Parece, no entanto, que o método da gentileza consegue resultados melhores e mais duradouros, sem com isso significar amolecimento ou abandono do ideal.

Fica bem evidente quanto de imaturidade está presente nos apegos com que tratamos as coisas que nos cercam. Além disso, quanto de cuidados – melhor diria de preocupações – esse comportamento implica, no afã de protegermos nossas propriedades. Não nos sentimos mais livres, porque achamos necessário impedir que outros possam usufruir de "nossas" coisas. Perdemos o sossego e vivemos em sobressalto, como acontece com os proprietários que cercam suas casas de altos muros, alarmes e guardas, transformando-as em verdadeiras fortalezas.

Podemos, portanto, pensar que, além dos cuidados da prudência, existe certo ridículo em tal situação. Existe mesmo aí um traço de manifesta loucura, como seria o caso de alguém que, subindo por uma escada de pintor e esquecido do topo aonde dizia querer chegar, se agarrasse a determinado degrau e lhe começasse a confessar que jamais o largaria, pois ele seria o amor de sua vida. Você já pensou, quanta insensatez?

É custoso divisar os limites entre o zelo de conservar o bem inegável da vida e o receio de morrer. É importante cuidarmos de nossa sobrevivência, o que constitui autêntico instinto. Afinal, trata-se do dom fundamental, que supõe e sustenta todos os demais que fazem o encanto de uma vida. Por outra parte, *a morte faz parte dela, está no programa como passo importante no desenvolvimento*, longe de ser um corte de mau gosto no fio da existência ou um fantasma que nos deva perturbar.

O sentido da morte só se entende à luz do sentido da vida. A vida é dom concedido pelo Criador para ser vivido em processo de qualidade crescente, como o desabrochar do botão de uma flor. O botão é estágio preparatório. A flor aberta, exalando perfume, ostentando a beleza de suas cores e trazendo no bojo o próximo fruto com as sementes, é que constitui a finalidade da planta. A flor, assim como o fruto, precisa morrer, para que se complete o ciclo da vida. Assim também nossa vida atual se consuma e se completa com a morte, passagem necessária para poder expandir-se na plenitude da outra vida, da vida definitiva.

A grande vantagem do Desprendimento é a de nos conduzir mais rapidamente à Simplicidade e, desta, à Humildade, ou seja, à visão objetiva das coisas. Quem não está preso a coisa alguma assemelha-se a um homem nu, sem adereços ou enfeites, simplesmente sendo o que é, do jeito que pode mostrar-se em sua constituição física e em seu modo de comportar-se. Assim nascemos, e não serão as roupas mais finas ou alguns títulos de nobreza que nos farão mais ou menos gente.

Ora, esse modo de nos vermos mutuamente nos desilude logo de saída quanto ao valor de nossas posses, quer se trate de dinheiro, de casa luxuosa, de carro importado, de roupas finas, quer se pense em cultura mais ou menos vasta e assim por diante. Ninguém é mais do que ninguém enquanto pessoa humana. Qualquer pretensão em contrário não passa de lamentável equívoco.

VAMOS TOMAR O PULSO NOVAMENTE?

1. Você se sente inteiramente livre para: SIM NÃO
-aceitar que pode errar e que isso não é o "fim do mundo"?
-aceitar sua idade, sua cor e o tipo de seus cabelos?
-aceitar que às vezes suas coisas não estejam em perfeita ordem?
-não ser exigente demais com os outros?
-não ficar explicando as coisas com muitos detalhes?
-aceitar suas fraquezas e que lhe apontem seus defeitos?

2. Você faz questão (não abre mão) de:
-suas opiniões pessoais (é teimoso/a)?
-trabalhar sozinho?
-não pedir ajuda em seus problemas?
-não levar desaforo para casa?
-só confiar nas próprias ideias?
-esconder seus sentimentos?

3. Você se permite:
-fazer logo o que precisa, sem ficar apenas tentando?
-marcar dia e hora para seus compromissos?
-enfrentar o que lhe parece "difícil"?
-fazer com leveza e alegria o que merece ser feito?
-ter paciência e perseverança para fazer o que precisa?
-ter ideias claras e determinação para agir?

4. Você está aberto(a) para:
-reconhecer suas qualidades pessoais?
-dizer "Não", "Não posso", "Não quero"?
-gostar de si mesmo(a), independente do que dizem os outros?
-fazer-se respeitar e ter seu lugar ao sol?
-não "engolir sapos" (coisas desagradáveis)?
-não ficar carregando os outros nas costas sem necessidade?

5. Você tem autonomia para:
-acreditar no próprio potencial e se virar sozinho?
-tomar iniciativas, sem esperar que os outros o(a) convidem?
-não deixar que façam por você o que bem pode fazer sozinho?
-não ficar habitualmente dependendo dos outros?
-acabar com o "Não consigo..."?
-confiar em si mesmo(a) e ficar sozinho(a) quando necessário?

6. Você aguenta:
-esperar os que vêm atrasados ou os acelerados demais?
-levantar-se tranquilo para atender o telefone?
-ficar bastante tempo sem olhar as horas no relógio?
-não se afobar na hora da pressa?
-fazer uma coisa de cada vez (não 2 ou 3)?
-ser pontual aos compromissos sem correrias?

➲ AVALIE O RESULTADO (MAS SÓ DEPOIS DE TUDO TERMINADO):
Resultado correto: SIM nos números 1.3.4.5.6
Resultado correto: NÃO no número 2

QUANDO A LIBERDADE ENTRA EM CRISE

Muitas dicas já foram colocadas sobre os entreveros da liberdade. Mas vale a pena destacarmos alguns pontos em especial.

Mais acima, tocamos de leve na questão das *emoções*. São formas de liberação da fantástica energia produzida em nosso cérebro. Nossos neurônios liberam ou absorvem essa energia sob a forma de reações químicas, a fim de produzir calor ou trabalho. As emoções são a fórmula que nosso organismo tem para manter o equilíbrio com o ambiente. Ou, se quiser, para aliviar-se da tensão interna.

Distinguimos acima entre as emoções *autênticas*, entre as quais umas são agradáveis (alegria, amor-paixão, prazer e tranquilidade) e outras desagradáveis (medo, tristeza, garra e desprazer).

De outro lado, as emoções *aprendidas* ou culturais. Estas foram aprendidas desde pequenos, ensinadas ou insinuadas pelas pessoas grandes de nossa infância, a pretexto de que assim esperavam que reagíssemos. Tal coisa acontece quando numa família não é permitido que a criança sinta ou expresse o que está naturalmente sentindo. Por exemplo, quando dizem a um menino que caiu: "Homem não chora!" porque chorar significava para os pais sinal de fraqueza. Ou então quando a menina queria mostrar raiva por lhe terem tirado a boneca e, em substituição, lhe faziam alguns agrados ou diziam "Seja boazinha!", para que não sentisse o que estava sentindo.

Por isso mesmo tais emoções são chamadas de "disfarces", porque escondem à criança sua própria imagem por trás de máscaras comportamentais. A criança aprende a não ser ela mesma, perde a espontaneidade. Os "disfarces" variam de pessoa para pessoa, dada a infinita variedade de influências que acontecem na "educação". São desqualificações das emoções autênticas. Algumas delas vão na linha da Submissão, outras na linha da Rebeldia. São também chamadas de "sentir ferido" ou "afetos desordenados". Apresentam-se ora como atração, ora como repulsa. Vamos ver alguns exemplos:
➢ falsa alegria (euforia)
➢ falso afeto (afetação, maneirismos, ciúme, inveja)
➢ falso medo (susto, ansiedade, insegurança, preocupação, constrangimento, inibição, vergonha, fobias, confusão, pânico)
➢ falsa tristeza (depressão, saudade, desespero)
➢ falsa raiva (irritação, ressentimento, mágoa, bronca, sadismo, furor)
➢ etc.

Essas emoções são aprendidas às vezes pelo simples *exemplo* dos pais, que servem sempre como os principais modelos de comportamento para uma criança. Pais que nunca riem, por exemplo, sempre sérios ou mesmo tristes, levam facilmente a modelar o mesmo nos pequenos. Outras vezes acontece que os pais desqualificam ou fazem pouco caso da alegria do menino. Ou reforçam com algum tipo de aprovação as lamúrias e queixas da menina que ficou chateada. Pode até acontecer que algumas vezes (que espanto!) digam mesmo à criança que se vingue, que fique furiosa, que aja como louca e assim por diante.

É claro que tais emoções aprendidas não têm razão de ser numa pessoa que pretende viver plenamente a liberdade de ser ela mesma. Por que? Porque são sempre formas exageradas de reagir, exageradas na intensidade, exageradas na duração. Parecem não acabar mais: a bronca dura dias, meses e anos. A depressão, idem. A euforia parece não acabar nos encontros sociais. E assim por diante.

São comportamentos repetitivos, artificiais, vindos de uma compulsão interna, de muito mau gosto aliás, exprimindo a falsa segurança de continuar pisando em terreno conhecido, por mais falso e incômodo que seja. "É chato, mas é o que eu conheço!", poderia alguém confessar. Por exemplo, uma pessoa irritada, vai mostrar sua irritação quando o trabalho sai errado, quando perde a caneta, quando lhe dão uma "fechada" no trânsito e até quando recebe um telefonema, quando recebe um cartão de parabéns e quando alguém quer ser gentil e a deixa entrar primeiro no elevador. Isto é para vermos quanto pode ser inadequada uma emoção! No fundo, no fundo, parece existir na pessoa em questão a expectativa de receber, nessas ocasiões, algum tipo de resposta à qual estava acostumada, embora desagradável. Por exemplo, receber uma repreensão (imagine?!), ou que alguém sinta pena dela e a confirme e elogie exatamente pelo sentimento negativo que está mostrando.

Quando não existe controle adulto sobre a expressão das emoções, nosso inconsciente começa a reclamar alguma providência, porque emoções são formas de energia pedindo desafogo, pressão pedindo válvula de escape. As *repressões* significam dizer "Não", "Não pode", "Não deve". São o oposto do *controle,* equivalem a uma sufocação da energia psíquica. Havendo algum tipo de repressão, os reclamos começam a vir à tona, ou como "atos falhos" (por exemplo, dizer uma coisa em lugar de outra, involuntariamente) ou como "sonhos" e "pesadelos".

O último recurso do inconsciente, como insinuamos anteriormente, é começar a "gritar" para quem quiser escutar, através de sintomas psicossomáticos, transparecendo na forma de doenças neste ou naquele órgão, conforme o tipo de emoção que foi reprimida. Com efeito, houve uma sobrecarga do sistema interno, e o canal que sobrou foi essa forma negativa de se manifestar.

São variadíssimas, por isso, as somatizações: queda de cabelo, tonturas, labirintites, taquicardias, surdez, hiper-salivação, aerofagia e arroto, dores de estômago, diarreia, falta de ar, asma, vontade frequente de urinar, suspensão da menstruação, dores de garganta, dores de coluna, infecções pela queda da imunoglobulina, leucemia, erisipela, úlcera gastroduodenal etc., etc.

Que dizer agora dos *desejos*, que nascem no canteiro de nosso coração, não só como flores, mas também, às vezes, como pragas e ervas daninhas? Além dos bons desejos, inteiramente válidos e honestos, podem brotar tendências e impulsos mais ou menos incontroláveis e inconvenientes. Eles vêm nos sonhos, vêm a qualquer hora. Surgem como "coceiras" emocionais, como "tentações", como "vícios", das mais variadas formas e nos momentos mais importunos. Onde fica, então, nossa liberdade?

Especialmente a partir de Freud os psicólogos debruçaram-se um pouco mais sobre este incômodo mas importante assunto[1]. Freud colocou os desejos como a expressão dinâmica de um conflito, em que nosso inconsciente pretende satisfazer-se. Seriam sinais de que a pessoa não teria superado alguma das fases iniciais da vida, segundo ele as fases oral, anal e fálica. A primeira tem como objeto principal a alimentação, é claro, pois assim a pessoa introduz em si pela boca o objeto desejável (o alimento). Sim, mas não exclusivamente, porque acaba se estendendo também à respiração (perfumes) e à visão (coisas bonitas de se ver), no processo que chamou de "incorporação", introjeção ou identificação.

Mais adiante Lacan colocou a reflexão psicológica principalmente na noção de *desejo*, como assunto de primeiro plano na teoria analítica. Assim procurou distinguir desejo de necessidade e de exigência. Mostrava que o desejo estava mais relacionado com a fantasia que as pessoas fazem a respeito, do que com o próprio objeto desejado. Mas, deixemos por enquanto o assunto por conta dos profissionais da Psicologia.

Basta para nosso interesse percebermos que aí vai todo o assunto do consumismo e da acumulação, que estão na ordem do dia, e que a maioria das pessoas está vivendo, na correria pelos *Shopping Centers*, butiques e Supermercados. Para nosso uso imediato, imaginemos estar sugando uma mamadeira: o que sentimos ao nos imaginar fazendo isso? Que postura corporal nos seria então mais cômoda? Percebe a semelhança das situações?

---

[1] Já no século XVI, Santo Inácio intuiu, com fineza psicológica, a importância do desejo na vida humana e espiritual, afirmando várias vezes que o "sujeito" apto para fazer a experiência dos *Exercícios Espirituais* devia ser um "homem de desejos".

Que dizer agora das *tentações*? Estou pensando nas verdadeiras tentações, não nos escrúpulos, que não passam de equívocos, sinal de imaturidade e de falta de discernimento. Vamos dizer que tentações são convites. Não é isso que dizemos quando vemos "aquele anúncio de sorvete"? Alguns chegam a dizer que as lombrigas ficam assanhadas... No entanto, *tentações são nem boas nem más*. *São apenas crises* ou, se quiser, oportunidades de nos definir, de mostrarmos coerência e fidelidade diante de opções desencontradas e contraditórias. Afinal, se acreditamos que o que nos faz bem de verdade é determinada coisa, a única opção razoável será ficar firme nesse ponto e afastar imediatamente o que lhe for oposto, custe o que custar. Daí que podemos ver as tentações como oportunidades de crescer, de reforçar nossas convicções e tornar-nos mais gente, o que não significa que as vamos procurar.

Os *vícios* são hábitos, hábitos maus, que nos fazem mal porque prejudicam nosso bem-estar. Há uma lista conhecida como "vícios capitais", enumerando sete deles: soberba, avareza, luxúria, ira, gula, inveja e preguiça. *Soberba* é auto endeusamento e desejo de dominação. *Avareza* é desejo de posse de bens materiais, de acumulação, até com prejuízo de si e das outras pessoas. *Luxúria* não se refere ao luxo, mas ao desregramento das paixões relacionadas com o uso do sexo. *Ira* é tendência a irritar-se por qualquer coisa, passando gradativamente para expressões de violência, contra si e contra os outros. *Gula* representa a insaciável vontade de comer e beber, principalmente na quantidade, mas também no refinamento e sofisticação dos alimentos. *Inveja* é não suportar que os outros tenham os bens, materiais ou espirituais, que a pessoa gostaria de ter, demorando-se em lamentar o sucesso dos outros em vez de batalhar por si mesma para obter o que lhe seria de bom proveito. *Preguiça* é frouxidão e irresponsabilidade em realizar o que faria bem em todos os sentidos, muitas vezes manifestando-se em deixar para depois o que poderia fazer imediatamente.

Mas também são vícios quaisquer manias e costumes, de que não queremos abrir mão, como fumar, participar compulsivamente de jogos de azar (carteado, bingos, corridas de cavalos...), "malhar" em academias de ginástica, ficar horas perdidas na Internet e nas Redes Sociais, fazer fofocas e assim por diante. Em tudo isso, convém pensar o que dizia Albert Schweitzer: "O mundo se tornou perigoso, porque os homens aprenderam a dominar a natureza, antes de dominar a si mesmos"[2].

É o caso de perguntar-nos de novo: onde fica nossa liberdade? Quem assim procede terá coragem de se olhar no espelho e dizer que é inteiramente livre?

Outra fonte de prisões são certas ideias que recebemos desde pequenos e que vão orientando muitas de nossas escolhas. São os chamados *compulsores,* sobre os quais tratamos na primeira parte deste livro e queremos brevemente recordar, ideias que nos compelem a agir, vícios mentais que até parecem coisa boa, mas acabam nos prejudicando[3]. Aqui bastam como lembrete umas indicações, claras e precisas, para denunciar mais uma vez esta armadilha para nossa liberdade.

Compulsores são ideias-força, que nos movem a agir sem percebermos sua malícia. São socialmente aceitáveis e simpáticas, mas no fundo trazem o veneno. Ei-los em resumo:

- ➢ *Seja perfeito!* (na verdade, perfeccionista, detalhista, minucioso). No entanto, basta fazer bem feito, não precisa ser perfeito.
- ➢ *Seja forte!* (na verdade, autossuficiente e insensível às emoções, tidas como fraquezas). Você pode sentir, sim, suas emoções autênticas e pedir ajuda quando precisar.
- ➢ *Seja esforçado!* (na verdade, gaste energias à toa em vez de fazer logo o que precisa, vá adiando para não conseguir sucesso!!!). Ora, o adequado é não deixar para depois o que pode fazer agora, marcar dia e hora para os compromissos a fim de não trapacear consigo mesmo, não ficar tentando mas fazer duma vez o que precisa.

---

[2] https://www.eurooscar.com/Frases2/frases-de-autores-diversos-1.htm, acesso em 19 de novembro de 2021.
[3] Dediquei a este assunto meu livro *Permissão para viver,* publicado pela Editora Vozes. Cf. LACERDA, Milton Paulo de, *Permissão para viver,* Petrópolis, Vozes, 2004.

➤ *Seja agradável!* (na verdade, não se respeite devidamente, pelo fato de ficar respeitando desmedidamente os outros) – Se você não se respeitar e não puser limites, quem é que vai respeitar você?
➤ *Seja dependente!* (isto é, mostre-se desvalido e incompetente para tudo, tornando-se parasita dos outros). Você é capaz de muitas coisas, tenha certeza, acorde para seu potencial e comece a desenvolver uma bela autoestima.
➤ *Seja apressado!* (ande sempre às carreiras e desenvolva uma hipertensão arterial, viva afobado e cansado). É mentiroso o ganho de tempo que se consegue dessa forma. O certo é que você pode fazer uma coisa depois da outra. Devagar se vai ao longe!
➤ *Seja comodista!* (fique no bem-bom, sem se incomodar com o que sobra para os outros). O comodismo amolece o corpo e o espírito, impede o próprio sucesso e apressa a morte.
➤ *Seja consumista* (busque sofregamente ter sempre mais coisas, mesmo que não tenha verdadeira necessidade delas). Este *compulsor* nos torna reféns dos bens desnecessários, porque precisamos gastar muito tempo na sua conservação e muitos cuidados na sua proteção.

Outro fenômeno que prejudica nossa liberdade chama-se *contaminação*, ou contágio. Acontece com muito mais frequência do que pode parecer. No mundo das coisas materiais é fácil entender, por exemplo, que a caixa d´água esteja contaminada, porque há muito tempo não é lavada. Ou que a água do rio tenha sido contaminada por mercúrio, pelo uso que os garimpeiros fazem desse metal pesado na lavagem do cascalho. Ou que um lote de carne esteja contaminado pelo botulismo, por ter sido estocado por mais tempo sem a devida refrigeração. Ou que o mundo inteiro seja contaminado por um vírus microscópico como o Coronavírus, o Covid-19.

No plano intelectual e moral se diz que a mentalidade moderna sofreu contágio pelo liberalismo selvagem, e que a economia está corrompida pela desonestidade, do mesmo modo que se diz das maçãs que se estragam numa cesta, por estarem em contato com uma das maçãs já em decomposição. Igualmente é o caso das crianças expostas aos maus exemplos dos adultos que delas não cuidam, razão por que elas partem a viver nas ruas, já que ali as famílias praticamente não existem.

Nossa liberdade, que acima vimos ser a capacidade de escolhas situada no Estado de Ego Adulto[4], pode ficar contaminada e prejudicada primeiramente pelos descontroles e **impulsos inconscientes** de nosso Estado Criança. Ali nossa habilidade adulta de contatar a realidade diminui, como quando, por exemplo, deixamos de aprontar um trabalho com data marcada (proposta de nosso Ego Adulto) só porque cedemos à curiosidade de ver um filme na televisão (proposta do Ego Criança maroto). De forma parecida acontece a contaminação do Ego Adulto pelo Estado Parental, quando não confiamos em nosso bom senso (Ego Adulto), no momento de avaliarmos se somos capazes de enfrentar um Exame Vestibular. A causa talvez seja a voz interna (do Ego Parental autoritário) que nos diz que nunca vamos ter sucesso.

Neste ponto vale fazermos uma pergunta: onde começa toda essa confusão? Onde está o fio da meada de tamanho novelo? Onde está a fonte dessa enxurrada que parece afogar nossa liberdade? Isto é questão que podemos agora ver, falando de Valores e Princípios.

---

[4] Na terminologia da Análise Transacional, mais amplamente explicada e aplicada em meu livro *Jesus de Nazaré, Vencedor ou Perdedor?*: LACERDA, Milton Paulo de, *Jesus de Nazaré, Vencedor ou Perdedor?* São Paulo, Loyola, 1989.

ATENÇÃO AOS VALORES

Há muitos anos era comum a propaganda de um sabonete cujo nome era "Vale quanto pesa". Era maior no tamanho e razoavelmente perfumado. A ideia anunciada era que, segundo seu tamanho, provava ter muito valor, muita qualidade, e que o dinheiro gasto ao adquiri-lo era bem recompensado pelo prazer em usar aquele produto.

Para dizer a verdade, tudo que existe tem algum valor, pelo simples fato de que existe[1]. Até esterco vale para adubar a terra. Basta sabermos para que serve cada coisa. Quantas plantinhas nos passam despercebidas pelos matos, enquanto aos olhos do botânico e do farmacêutico são remédios preciosos para curar doenças. Com igual peso se fala de "bens", quer sejam materiais, como joias e casas, quer sejam espirituais e morais, como as tradições de família e a cultura de um povo. Confirma-se, ainda uma vez, o que se escreveu no início do Livro do Gênesis: "Deus viu tudo que tinha feito: e era muito bom" (1,31).

Há coisas que têm valor por si mesmas, como o alimento, a água, o ar que respiramos, o sono bem dormido. Entre essas estão os "valores metafísicos", isto é, aqueles que os filósofos descobriram como os mais profundos e sempre presentes em tudo que tem valor. Assim se diz do Ser, da Verdade, do Bem e do Belo. Estão em todas as coisas e podem ser reconhecidas pelas pessoas acostumadas a ir mais fundo na reflexão e na contemplação. Pelo

---

[1] O assunto dos valores é profundamente discutido em meu livro *Paixão pela vida, dos valores ao valor*. Cf. LACERDA, Milton Paulo de, *Paixão pela vida, dos valores ao valor*, São Paulo, Loyola, 2019.

simples fato de existirem, todas têm algo de verdade, são bens e têm um toque transcendente de beleza. São chamadas de Valores Perenes, porque são eternos, em contraposição com os chamados Valores Transitórios, coisas boas, sim, mas que passam, que são episódicas, como certo filme de atualidade ou determinado livro em alta na opinião de muitos, e mesmo a grandíssima maioria das coisas que estão à nossa volta.

Outras valem por se tornarem instrumento de troca, principalmente o dinheiro. Outras aumentam de valor, na medida em que são de máxima utilidade e, mais ainda, quando são mais difíceis de se encontrar. Daí a chamada "lei da oferta e da procura", segundo a qual, o produto quando abundante fica mais barato, enquanto que a mercadoria, quando escasseia, fica mais cara.

Tudo isso explica por que as pessoas fazem suas escolhas, por que usam de sua liberdade. Talvez porque descobriram que aquelas coisas lhes seriam úteis, ou porque alguém as recomendou, como quando vizinhos sugerem certo profissional que além de acolhedor é muito competente em sua área. Mais ainda nos são apresentados valores, verdadeiros ou fantasiados, quando nos chegam pelas propagandas de todos os tipos.

Delas estão cheias as revistas com fotos coloridas, os jornais com os seus "Classificados" e, ainda mais, a televisão aberta que sobrevive com os inúmeros "comerciais" que nos aborrecem e fazem esperar a continuação dos programas de real interesse. Vamos dizer que aqueles anúncios podem ser vistos como "valores decretados", porque de algum modo nos são impostos, e a maioria das pessoas os engole e assimila, numa busca equivocada de felicidade. Tornam-se importantes, nem sempre com razão, só porque assim nos foram propostos, quase impostos, pelos canais do marketing.

Mais acima falávamos sobre a Escala de Prioridades, distinguindo a diversa importância das coisas a ser escolhidas, desde as Urgentes e Necessárias, até as Úteis, Agradáveis e Supérfluas (está lembrado?). A preferência por estas ou aquelas vai depender muito de nosso bom senso, do senso de objetividade em outras palavras, para que não escolhamos apenas por capricho ou, mesmo, por algum tipo de contaminação.

Pode existir certa espécie de "cegueira" diante dos valores, prejudicando nossa liberdade. Quem sabe, cegueira total a respeito, fruto de ignorância e despreparo. De fato, onde não existe conhecimento do bem, não pode existir verdadeira liberdade. Pode haver cegueira parcial, restrita a certos valores talvez um pouco mais delicados. Seria o caso de alguém que sabe distinguir o Bem do Mal, mas não se abriu para uma Generosidade desinteressada, ou para uma Humildade sem máscaras ou pretensões. Caso de cegueira parcial acontece ainda quando a pessoa, apesar de conhecer o valor da honestidade nos negócios, acaba cedendo à tentação de fraudar no caso, ao ser solicitada por pessoa muito influente, com medo de desagradá-la.

Recordando o que Inácio de Loyola colocava sobre o assunto dos valores dentro dos *Exercícios Espirituais*, ao referir-se à estratégia do bom e do mau "espírito" na Meditação das Duas Bandeiras, podemos descobrir igualmente boas pistas para identificar o que tem e o que não tem valor, o que é bom e o que é melhor. A imagem de uma pirâmide pode ajudar-nos a acompanhar o assunto.

Começando do degrau mais baixo, podemos distinguir em primeiro lugar o *desprendimento*, o cuidado de *Ser* em contraposição ao *Ter*. Não é que o *Ter* roupas, casas, dinheiro, títulos de nobreza e certificados de aproveitamento acadêmico sejam contravalores, tudo depende do uso que se faz de cada coisa. Roupas não precisam encher armários e mais armários, casas não precisam existir em mais de um ou dois lugares para a mesma família, dinheiro não precisa ser possuído com prejuízo dos empobrecidos (que são tantos). O que importa é a visão nítida de que *Ser* é mais importante do que *Ter*. Que o *Ter* posses deve ser sacrificado na medida em que prejudique o sermos Gente, isto é, sermos irmãos e solidários com os que não têm o suficiente para sobreviver dignamente.

Em uma palavra, é importante em primeiro lugar não estarmos apegados a coisa alguma, mas termos a liberdade de usar do que temos para o bem nosso e dos outros. Assim, é claro, ficamos todos felizes, e a vida se transforma numa festa. Nessa linha é que dizia o Mahatma Gandhi: "Se cada um tivesse somente aquilo de que necessita, ninguém sentiria falta, e todos viveriam contentes"[2]. Portanto, Desprendimento.

Em segundo lugar, o despojamento bem entendido nos leva naturalmente à *simplicidade*, em oposição à Vaidade. É fácil de entender. Quanto menos coisas a pessoa possui, tanto menos complicada é sua aparência. Lembro de novo o caso daquele pintor grego, Zeuzis, que reprovou o aluno por ter pintado com muita riqueza o modelo da deusa Céris, já que não soube representar sua beleza.

Está aí. As pessoas simples não precisam de muitos enfeites para garantir a própria imagem, seja para si seja para os outros. O oposto, a Vaidade, vem do latim *vánitas*, que quer dizer "vazio". Pessoas vaidosas assemelham-se àqueles móveis bem envernizados, mas carcomidos por dentro pelo cupim. Sob pequena pressão, a madeira afunda, porque não tem mais conteúdo. A Simplicidade é, portanto, o segundo passo no crescimento. Pode ser divertido repetir o que dizia Alphonse Karr: "Todo homem tem três personalidades: a que exibe, a que possui e a que julga possuir"[3].

Resultante espontâneo da simplicidade é a *humildade*. Vem do latim *húmus* que, como já vimos, quer dizer "chão". Pessoas simples têm os pés no chão da realidade a respeito de si mesmas, dos outros, da vida, de tudo enfim. Senso do real e do realizável, realismo saudável, objetividade, são sinônimos da humildade. Querem dizer a mesma coisa. Humildade não é rebaixar-se nem menosprezar-se. É, sim, *amar a verdade, ainda que doa*.

Nem sempre, com efeito, é agradável entrar em contato com aquilo que somos, porque, apesar de nossas boas qualidades, também temos defeitos atuais e recordamos as tolices que já fizemos na vida. No entanto, somos muito mais coisa boa que deformidade. Somos capazes de receber até elogios verdadeiros, sem ficar constrangidos por falsa modéstia. Podemos aceitá-los, sabendo

---

[2] https://kdfrases.com/frase/160444, acesso em 19 de novembro de 2021.
[3] https://quemdisse.com.br/frase/todo-homem-tem-tres-personalidades-a-que-exibe-a-que-possui-e-a-que-julga-possuir/18399/, acesso em 19 de novembro de 2021.

qual resposta podemos dar na ocasião. Basta dizer: "Obrigado!", ou "Que bom que você pensa assim!" ou "Demos graças a Deus por isso!" A tendência da pessoa humilde é prestar serviço, estar disponível para ajudar aos demais.

Esse é o terceiro passo, oposto ao Orgulho e à Soberba. Entre estes dois há uma diferença. Orgulho é sinal de fraqueza, Soberba é sinal de loucura. O *orgulho* denota a consciência de alguém que se percebe frágil, mas não quer dar o braço a torcer, por isso se levanta arrogante diante dos outros, exigindo respeito exagerado para seus direitos. A *soberba* é atitude de auto endeusamento de alguém, exigindo submissão incondicional dos que o cercam, levando o desejo de dominação aos extremos da vontade de poder. Quer que todos o sirvam, porque se julga melhor que todos e não admite estar sujeito a ninguém.

Um quarto passo é *o Amor, como fonte de todas as Virtudes*. Realmente, todas elas são especificações do amor. Assim, Paciência é o amor que aceita as pessoas como são. Fortaleza é o amor que luta pela conservação dos próprios direitos e bens, incluindo a própria vida. Pobreza é o amor pelo essencial. Justiça é o amor dos direitos de cada um. E assim por diante. A pessoa humilde reconhece a verdade e a bondade de todas as coisas e desenvolve crescente admiração pelas perfeições que encontra a sua volta. "Amar e desejar não é a mesma coisa. O amor é o desejo que atingiu a sabedoria. O amor não quer possuir. O amor quer somente amar", como se expressava o escritor Herman Hesse[4].

O *contravalor* correspondente ao amor é o ódio, inversão violenta da corrente do amor, no sentido de uma vingança quanto possível destruidora. Em oposição ao amor, a Soberba abre as portas para todos os vícios, porque se dá o direito de decidir sobre o que é permitido, moral ou não, porque de algum modo a pessoa soberba se põe no lugar de Deus. Como expressão mais ou menos velada dessa atitude são conhecidos os Jogos de Poder, abundantes nos ambientes onde campeia o clima da competição. A tendência

---

[4] https://www.pensador.com/frase/MzU3Mzk1/, acesso em 19 de novembro de 2021.

dos que se entregam a essa atitude, é a de dominarem a qualquer custo os que se lhes oponham. No entanto, o que na verdade liberta é o amor. E "só pode amar de verdade quem é capaz de se doar gratuitamente", como lembrava Jean Baptiste Metz[5].

O *poder* em si mesmo é capacidade para realizar alguma coisa e, por isso, é algo neutro, nem bom nem mau. É mau o poder que sufoca, que constrange, que escraviza, que desumaniza. Infelizmente há pessoas sem consciência moral, que usam e abusam dos recursos financeiros para submeter os semelhantes a seus caprichos. A finalidade que têm é em parte desfrutarem de algumas vantagens, como prazeres, homenagens de pessoas subservientes e o deleite de se considerarem donos do mundo. Vale recordar as palavras oportunas de Dom Paulo Evaristo Arns: "Para o cristão, o mundo não existe para ser possuído, mas para ser descoberto, acolhido, transformado, compartilhado"[6].

É claro que tais pessoas não vivem a liberdade autêntica, são internamente insatisfeitas, querendo sempre mais, porque o "muito" que possuem é um amontoado de coisas vazias de sentido. O Desamor é a porta de entrada para o Inferno já em vida, assim como o amor é o começo do Céu. Como dizia Dom Luciano Mendes de Almeida: "Céu... é ver as pessoas felizes!". Tudo isso faz lembrar também o que dizia Santo Agostinho, no início de suas "Confissões": "Fomos feitos para Vós, Senhor, e nosso coração ficará inquieto enquanto não repousar em Vós!".

Diz o provérbio que "Em terra de cego quem tem um olho é rei". Para vivermos bem conosco mesmos, para convivermos com os Valores autênticos, precisamos ver claro e desenvolver a *consciência crítica*. Ela consiste na capacidade de distinguir entre um gato e uma lebre, entre o joio e o trigo, entre o bem e o mal, entre a verdade e o erro. O grande obstáculo para isso costuma ser a ignorância, a falta de dados, a ausência de informação. Tal problema facilmente leva à ingenuidade, tornando-nos vítimas dos espertalhões e aproveitadores de plantão, que sempre os há. Não

---

[5] https://pt.wikipedia.org/wiki/Arnulfo_de_M%C3%A9tis, acesso em 19 de novembro de 2021.
[6] https://pt.wikipedia.org/wiki/Paulo_Evaristo_Arns, acesso em 19 de novembro de 2021.

é que devamos ser pessoas sempre desconfiadas, em outras palavras, paranoides. Seria defeito. Porém, é importante andarmos atentos, para não tropeçarmos nos ressaltos do caminho, para não "engolir sapos" ou "dormir de touca", como com graça se costuma dizer dos menos avisados.

A consciência crítica nos torna possível o discernimento, qualidade inestimável de julgar as coisas com clareza e sensatez, fonte de grande segurança nas tomadas de decisão. Consequentemente, nos facilita a atitude fundamental da Coerência conosco mesmos. Que é isto? É aquela relação harmoniosa entre o que pensamos e sentimos e o que em seguida realizamos. Faz-nos ser o que somos, internamente integrados, de algum modo transparentes, sempre iguais a nós mesmos, sem grandes altos e baixos de humor.

Uma pessoa amiga enviou-me umas linhas preciosas sobre o Discernimento, de que recortarei apenas o seguinte:

> Com as Duas Bandeiras[7] percebemos que passamos por duas tentações, duas grandes mentiras: trocar o *Ser* pelo *Ter* e pelo *aparentar*; quando vemos que somos menos do que ambicionamos, sentimos a tentação de ter, acumular coisas, poder, etc. Coisas que suprem artificialmente o que falta em nosso *Ser*, e caímos na mentira, enganando a nós mesmos. A segunda tentação, é pretender enganar os outros, parecer o que na realidade não somos e trocamos o *Ser* pelo *aparentar*... às vezes acreditamos que queremos a *verdade*, mas não estamos querendo-a sinceramente, sempre justificando para levar as coisas mais ou menos. Somos chamados a assumir a *verdade* aqui e agora.

---

[7] Duas Bandeiras é uma meditação importante dentro dos *Exercícios Espirituais* de Santo Inácio, orientada justamente para desenvolvermos o discernimento em nível mais fino.

VENHAM AGORA, OS PRINCÍPIOS

Da manhã à noite andamos às voltas com micro decisões. As grandes são menos frequentes. A cada minuto estamos decidindo se continuamos ou mudamos, se acordamos ou não, se vestimos esta ou aquela roupa, se telefonamos ou encontramos pessoalmente alguém, se começamos um trabalho ou deixamos para depois, se sentamos nesta ou naquela cadeira, se nos espreguiçamos ou fazemos algum exercício físico, se colocamos em nosso prato uma ou mais colheres de uma travessa ou se fazemos jejum. E assim por diante. Entretanto, as coisas tidas como pequenas, não o são tanto assim. "A vida não passa de um instante, mas basta este instante para empreendermos coisas eternas"[1], dizia E. Bersot. Outras vezes, estamos às voltas com situações irritantes e contrariedades. Pois então, "muitas pessoas devem a grandeza de suas vidas aos problemas que tiveram de vencer", lembrava Baden Powell[2].

Grandes decisões não são de todo dia. Se nos inscrevemos para uma excursão, se mudamos de emprego, se solicitamos uma entrevista com certa personagem importante, se começamos a ler determinado livro especial, se lançamos uma campanha de marketing a respeito de nosso negócio, se separamos um tempo para um retiro espiritual. Ainda mais importantes são as decisões sobre nosso estado de vida, se começamos a namorar, se noivamos,

---

[1] http://reflexao.com.br/?sect=pensamentos&t=curtir&id=33&origem=detalhe, acesso em 19 de novembro de 2021.
[2] https://www.pensador.com/frase/NTE3NjEz/, acesso em 19 de novembro de 2021.

se marcamos casamento, ou se optamos por uma vida celibatária, talvez mesmo entrando na vida religiosa ou indo para o seminário a fim de sermos sacerdote, se nos inscrevemos numa Universidade para ali estudarmos.

Principalmente a respeito dessas grandes decisões é que Inácio de Loyola oferece orientação segura durante os *Exercícios Espirituais*, propondo Regras de Discernimento, sábias e precisas, que têm ajudado centenas de pessoas a chegar a um final feliz. A aplicação delas é feita sob o olhar atento e acolhedor de pessoas que se especializaram nessa técnica através de longo treinamento.

Entretanto, na maioria de nossas tomadas de decisão, podemos desde já chegar a bom termo através de princípios norteadores. O primeiro de todos, a meu ver, é a regra básica seguinte: *O que pensamos produz automaticamente o que sentimos e se exterioriza a brevíssimo prazo de alguma forma.*

Você pode experimentá-lo neste momento. Feche os olhos, lembre um lugar bonito em que já esteve (sem permitir nada de negativo), recorde o que viu e experimentou naquele lugar. Transporte-se para lá e ali fique por uns minutos... Entre, então, em contato com o que está sentindo... Certamente há de sentir-se muito bem. Pois é, esta mesma experiência você pode fazer com outras lembranças e fantasias positivas, quantas vezes quiser, com o que poderá manter-se nesse estado de paz, tranquilidade e alegria por muito tempo. (É, inclusive, remédio simples e prático para superar a depressão).

Este recurso se parece com a técnica chamada "Dieta Mental". Podemos chegar a ser razoavelmente donos de nossos pensamentos. Isso agora fica bastante claro, pois entendemos as consequências do que pensamos. Assim como nos abstemos de certos alimentos que nos podem ser prejudiciais, assim podemos aprender a cortar a entrada de pensamentos negativos, pessimistas e derrotistas, a respeito de nossa pessoa e de nossos empreendimentos. Comparo nossa consciência com um grande palco onde vivemos: ali comemos, dormimos, passeamos, trabalhamos e tudo o mais. Para entrar nesse palco existe apenas uma grande porta de vidro temperado, inquebrável, cuja característica é que só tem maçaneta do lado de dentro. À nossa volta podemos imaginar que circulam pensamentos, imagens, provocações de todo tipo, coisas que nos podem ajudar e outras que só nos prejudicam. Como a porta é inviolável, só terão entrada os dados que deixarmos passar. A responsabilidade é nossa se *sentimos* isto ou aquilo, porque de nós depende o controle da porta. Mesmo que tais elementos se mostrem insistentes e perturbadores, podemos desviar nossa atenção para qualquer outra coisa positiva que nos proponhamos em nosso interior. Como acontece com os músculos que não são exercitados e que com o desuso se atrofiam, assim também tais pensamentos e fantasias murcham e param de incomodar.

Falar de "princípio" é falar do começo de alguma coisa, como, por exemplo, o começo de uma estrada. Ou dizer que se abre uma oportunidade, como a de visitarmos pela primeira vez um museu ou uma exposição de arte. É pensar na causa que dá início a algum fenômeno, como o fósforo que acende o gás no fogão. Poderia ser ainda uma tendência, como a do garoto rebelde que, só de pirraça, belisca o companheiro. A psicanálise se refere ao Princípio de Realidade, que nos põe com os pés no chão e garante a satisfação autêntica de nossas necessidades, em vez de cedermos simplesmente ao Princípio do Prazer, tantas vezes fonte de equívocos para nosso verdadeiro bem-estar. Para os filósofos, o Princípio de Causalidade afirma que todos os fenômenos têm uma causa, enquanto o Princípio de Finalidade afiança que todas as coisas têm um "por que", e o Princípio de Identidade garante que "o que é, é, e o que não é não é". E por aí vão os filósofos.

Para o caso presente, pensamos *em ideias-força que nos orientem para a ação, que nos ajudem no discernimento do que fazer nas ocasiões concretas e práticas do dia a dia.* O importante é que são *princípios libertadores,* porque nos livram de hesitações na hora do "vamos ver". Apenas surge a oportunidade, ali estão em nosso "fichário da memória" como chaves de solução, para não ficarmos no impasse, paralisados e sem saber o que fazer. São como lâmpadas de grande potência que iluminam o caminho e trazem segurança para nos lançarmos na nova empreitada. Vale recordar o que dizia Franklin Roosevelt: "O único limite para nossas realizações de amanhã são nossas dúvidas de hoje"[3].

Tais ideias-força se encontram esparsas nos escritos dos grandes pensadores, fruto de suas reflexões e experiências, de seus acertos e erros. Logo mais vamos entrar em contato com eles. Feliz quem se dá a permissão de ler muito e com razoável seleção, porque acaba assimilando tais lições de vida em abundância. Faz rir o que dizia Mario Quintana: "Os verdadeiros analfabetos são os que sabem ler, mas não leem"[4].

Muitos desses princípios são encontrados de forma simples e direta na "moral" das fábulas, objeto de prazerosa leitura, pelo menos dos tempos de escola. Lembra-se da fábula da coruja e da águia, que depois de muita briga fizeram as pazes e combinaram que não comeriam os filhotes uma da outra? A "moral da história" assim dizia: "Para retrato de filho ninguém acredite em pintor pai. Lá diz o ditado: quem o feio ama, bonito lhe parece". Ou então a fábula da rã e do boi? A rã afirmou que ficaria do mesmo tamanho do grandalhão e... rebentou como um balãozinho. "Quem nasce para dez réis, não chega a vintém". Ou ainda a do velho, o menino e o burro, que trocavam de lugares entre si, à medida que os passantes os criticavam. "Morre doido quem procura contentar a todos"[5].

Mais sintetizados ainda estão os princípios nos provérbios que todo povo cultiva e emprega, tantas vezes com apresentação até engraçada. Para nosso proveito imediato, trago em seguida alguns dos muitos que colecionei.

---

[3] https://www.pensador.com/frase/NjkzMg/, acesso em 19 de novembro de 2021.
[4] https://www.pensador.com/frase/MTE3Mg/, acesso em 20 de novembro de 2021.
[5] Lobato, Monteiro, *Fábulas*, São Paulo, Companhia Editora Nacional, ⁵1934.

CITANDO PROVÉRBIOS

1. *Autoestima, diligência.*
- ❖ O amor começa por casa.
- ❖ Melhor um homem vivo que um herói morto.
- ❖ Solidariedade sem ação é como nuvem sem água.
- ❖ Quem caminha em direção à luz, não vê a sombra atrás de si.
- ❖ Quem abre estrada chega na frente.
- ❖ Quem acende uma vela é o primeiro que se ilumina.
- ❖ Cesteiro que faz um cesto, faz um cento.
- ❖ Mais vale quem Deus ajuda, do que quem cedo madruga.
- ❖ Quem planta ventos, colhe tempestades.
- ❖ Queres empobrecer sem sentir, deita obreiros e põe-te a dormir.
- ❖ Mocidade ociosa, velhice desastrosa.
- ❖ Ajuda-te, e o céu te ajudará.
- ❖ Quem foi rei é sempre majestade.
- ❖ De médico, músico e louco todos nós temos um pouco.
- ❖ Boa romaria faz quem em casa fica em paz.
- ❖ De pequenino se torce o pepino.
- ❖ Quem pode o mais, pode o menos.
- ❖ Chega-te aos bons e serás um deles.
- ❖ Quem canta, seus males espanta.
- ❖ Chega-te aos coxos e coxearás, chega-te aos cães e te coçarás.
- ❖ A vida é dura para quem é mole.

- ❖ Se a vida lhe oferece um limão, faça com ele uma limonada.
- ❖ Pra baixo todo santo ajuda, pra cima a coisa toda muda.
- ❖ O que arde cura, o que aperta segura.

2. *Discernimento*
- ❖ Velhos caminhos levam a velhos lugares.
- ❖ O que é combinado não é caro.
- ❖ Lágrimas de rato em enterro de gato.
- ❖ Palavra dada, honra empenhada.
- ❖ Antes que o mal cresça, corta-lhe a cabeça.
- ❖ Onde passa boi, passa boiada.
- ❖ Dize-me com quem andas, que eu te direi quem és.
- ❖ Quem vê cara não vê coração.
- ❖ Filho és, pai serás, o que fizeres assim acharás.
- ❖ Quem não quer ser lobo não lhe veste a pele.
- ❖ Festa acabada, músicos a pé.
- ❖ Duas cabeças pensam melhor que uma só.
- ❖ Desculpa não pedida, acusação manifesta.
- ❖ A quem do seu foi mau despenseiro, não fies teu dinheiro.
- ❖ Quem por rodeios fala, em artes anda.
- ❖ Quem cala consente.
- ❖ Uma imagem vale mais do que mil palavras.
- ❖ Há sempre uma tampa para qualquer balaio.
- ❖ Para quem está perdido, todo mato é caminho.
- ❖ Melhor o burro que te carrega, do que o cavalo que te derruba.
- ❖ Contra fatos não há argumentos.
- ❖ Não se entra duas vezes no mesmo rio.
- ❖ Não se compram alfinetes de duas cabeças.
- ❖ Pior cego é aquele que não quer ver.
- ❖ Papagaio come milho, periquito leva a fama.
- ❖ A corda rompe do lado mais fraco.
- ❖ Ao apontar o céu, o tolo vê o dedo, o sábio vê a lua.

3. *Benevolência* (saber crer e desculpar)
- ❖ Macaco senta em cima do rabo e olha o rabo do vizinho.
- ❖ A grandeza do mar é feita de gotas.

- Para quem sabe ler, o pingo é letra.
- Roupa suja se lava em casa.
- Se exiges cavalo sem defeito, tens que andar a pé.
- Pegam-se mais moscas com uma gota de mel do que com um barril de vinagre.
- Em terra de cego, quem tem um olho é rei.
- Quem o feio ama, bonito lhe parece.
- Julga o ladrão, que todos o são.
- Cada terra com seu uso, cada roca com seu fuso.
- Cão que ladra não morde.
- O diabo não é tão feio quanto o pintam (?!).
- À boa fome não há mau pão.
- À noite todos os gatos são pardos.
- Pra fazer uma canja, qualquer pé de frango serve (qualquer motivo de calúnia).
- Quando um não quer, dois não brigam.

4. *Comportamento adequado e prudente*
- Antes que cases, olha o que fazes.
- Dormir na estrada é acordar no céu.
- Jacaré que vacila vira bolsa de madame.
- Quem usa cuida.
- Quem tudo quer tudo perde.
- O ferreiro faz primeiro as tenazes pra não se queimar.
- Quem cedo quer almoçar vai de noite encomendar.
- Não se muda de cavalo no meio do rio.
- Quem com cães dorme, com pulgas se levanta.
- Mede cem vezes e corta uma só.
- A doçura do mel não compensa a picada da abelha.
- Primeiro a obrigação, depois a devoção.
- Quem persegue dois coelhos não consegue nenhum.
- Macaco velho não mete a mão em cumbuca.
- A quem ri do mal do vizinho, vem o seu pelo caminho.
- Quem tem telhado de vidro não joga pedra no vizinho.
- Ao ladrão dá-lhe um dedo, e ele te toma a mão.
- Tantas vezes vai o cântaro à fonte, que um dia se quebra.

- ❖ Não se deve contar com o ovo antes de a galinha o pôr.
- ❖ As palavras, como as abelhas, são ferrão e mel.
- ❖ O cachimbo entorta a boca.
- ❖ Quem guarda o que não presta encontra o que precisa.
- ❖ Falar é prata, calar é ouro.
- ❖ Para grandes males grandes remédios.
- ❖ Um homem prevenido vale por dois.
- ❖ Não se fale em corda em casa de enforcado.

5. *Despretensão, desprendimento* (conflito entre o Ter e o Ser)
    - ❖ Quem compra o que não precisa, venderá o que precisa.
    - ❖ Um é o que semeia, outro o que colhe (NT).
    - ❖ Em casa em que não há pão, todos gritam e ninguém tem razão.
    - ❖ Santo de casa não faz milagre.
    - ❖ Quem o alheio veste, na praça o despe.
    - ❖ Não há bem que sempre dure, nem mal que nunca se acabe.
    - ❖ O velho por não poder, e o moço por não saber, deitam coisas a perder.
    - ❖ Bens do sacristão, cantando vêm, cantando vão (o fácil se gasta levianamente).
    - ❖ Os cães ladram, e a caravana passa (não nos impressionar com as oposições).
    - ❖ Amigo que não presta e faca que não corta, se se perde pouco importa.
    - ❖ Não cabem duas espadas na mesma bainha.
    - ❖ Dois proveitos não cabem num saco.
    - ❖ A ocasião faz o ladrão.
    - ❖ Depois da lua cheia vem a minguante!
    - ❖ Melhor dormir no chão do que cair da cama.
    - ❖ Pra fazer um omelete é preciso quebrar os ovos.

6. *Simplicidade e despretensão*
    - ❖ Por fora bela viola, por dentro pão bolorento.
    - ❖ Só se desilude quem estava iludido.
    - ❖ Cabeça vazia, oficina do diabo.
    - ❖ Não há "bela" sem "senão".

- Um cão não é bom sentinela só porque late muito.
- O bem não faz barulho, e o barulho não faz bem (São Francisco de Sales).
- Na refeição, quem fala mais come menos.
- Rios profundos correm em silêncio.
- Saco vazio não para em pé.
- Em tempo de guerra mentira é como terra.
- Mais depressa se apanha um mentiroso do que um coxo.
- Abel, Abel, não tens abelhas e vendes mel?!
- Quem cabritos vende e cabras não tem, de alguma parte lhe vêm.
- O hábito não faz o monge.
- Nem tudo que reluz é ouro (as aparências enganam).
- Perdoa-se o mal que faz, pelo bem que sabe (de "sabor").
- Pelos frutos conhecereis a árvore (NT).
- A barba não faz o filósofo.
- Só se vê o garbo em cavalo de trote (mas não presta para cavalgar).
- As paredes de uma casa não deixam ver o que está dentro.
- Tamanho não é documento.

7. *Humildade e bom senso*
- Por mais alto que o pássaro voe, tem que baixar pra comer.
- Não há árvore que o vento não tenha sacudido.
- Quanto maior a altura, maior o tombo.
- Quem para o céu cospe, na cara lhe cai.
- Quem dá as costas à luz, só vê a própria sombra.
- Terminado o jogo, Rei e Peão voltam à mesma caixa.
- A cavalo dado não se olham os dentes.
- Nunca diga: Desta água não beberei.
- Uma andorinha não faz verão.
- Trabalho de criança é pouco, mas quem enjeita é louco.
- Quem muito abarca pouco aperta.
- Em boca fechada não entra mosca.
- Esterco não é santo, mas faz milagres (coisas simples podem dar resultados).

- ❖ Só o bambu muito alto é que verga (só os grandes são mesmo humildes).
- ❖ Quem desdenha quer comprar.
- ❖ Quem fala o que quer, ouve o que não quer.
- ❖ Por cima é só poço que começa.
- ❖ Não é preciso subir a montanha para saber que ela é alta.
- ❖ Onde há alturas há precipícios (Sêneca).

8. *Responsabilidade social*
   - ❖ Quem quer vai, quem não quer manda.
   - ❖ Palavras sem obras, cítaras sem cordas.
   - ❖ Melhor acender uma vela que amaldiçoar as trevas.
   - ❖ Passarinho na muda não canta.
   - ❖ Promessa de lenha não esquenta a casa.
   - ❖ Água mole em pedra dura, tanto bate até que fura.
   - ❖ Em casa de ferreiro, espeto de pau.
   - ❖ Quem não tem cão, caça com gato.
   - ❖ Ninguém dá o que não tem.
   - ❖ Quem parte e reparte fica com a melhor parte.
   - ❖ De boas intenções o inferno está cheio.
   - ❖ Dá duas vezes quem dá depressa.
   - ❖ Abranda mais o dinheiro, que palavras de cavalheiro.
   - ❖ Quando a esmola é demais, até o santo desconfia.
   - ❖ Um grão não enche o celeiro, mas ajuda o companheiro.
   - ❖ Com um cabelo de mulher amarra-se um elefante.
   - ❖ Água parada cria mosquitos.
   - ❖ Prometer não é dar, mas a néscios satisfaz.
   - ❖ Quem não sabe servir não deve negociar.
   - ❖ Quem não sabe sorrir não deve abrir uma loja.
   - ❖ Quem não vive para servir não serve para viver.
   - ❖ Melhor chegar uma hora antes, do que cinco minutos depois.
   - ❖ Uma mão lava a outra, e as duas lavam a cara.

9. *Paciência, saber esperar*
   - ❖ Paciência e caldo de galinha não fazem mal a ninguém.
   - ❖ A lã não pesa para o carneiro.

- Quem entra na chuva é para se molhar.
- Roma e Pavia não se fizeram num dia.
- Comida quente se come pelas beiradas.
- Deixe dormir os cães deitados.
- Quem anda sobre ovos não deve pular.
- Devagar se vai ao longe.
- Quem se apressa come cru.
- Mais vale um pássaro na mão do que dois voando.
- A perseverança tudo alcança.
- Pedra que muito rola não cria limo.
- De grão em grão a galinha enche o papo.
- A pressa é inimiga da perfeição.
- Fazer pão grande pra vender logo.
- O que não tem remédio, remediado está.
- Não adianta chorar sobre o leite derramado.
- Há males que vêm para bem.
- De raminho em raminho se faz o ninho.
- Comer e coçar é só começar.
- Devagar com o andor, que o santo é de barro.
- Não apresse o rio, ele corre sozinho.

10. *Não invejar*
    - A inveja matou Caim na porta do botequim.
    - Seta despedida não volta ao arco.
    - Se ferradura desse sorte, burro não puxaria carroça.
    - Canto alheio, brasa no seio.
    - Quem se fia em sapato de defunto, toda a vida andará descalço.
    - A vingança é prato que se come frio.
    - Nem tanto ao mar nem tanto à terra (equilíbrio entre o bom e o mau ciúme).
    - Se cada um varrer a frente da própria casa, a cidade inteira ficará limpa.
    - Sempre há um pé cansado para um chinelo velho.
    - Quem tem pena se depena.
    - Quem nasceu pra tatu vai morrer cavando.

- Soldado com tosse não serve para emboscada.
- Cada macaco no seu galho.
- O homem certo para o lugar certo.

11. *Positividade, otimismo*
    - As flores do futuro estão nas sementes de hoje.
    - Ainda que o galo não cante, sempre a manhã rompe.
    - Acima da tempestade o sol continua brilhando.
    - Remende o pano, que dura um ano. Continue a remendar, e mais há de durar.
    - Quem ri por último ri melhor.
    - Passarinho que na água se cria, por ela pia.
    - Antes tarde do que nunca.
    - Amor com amor se paga.
    - Quem nunca comeu melado, quando come se lambuza.
    - A cada sete anos o homem sofre nova coceira.
    - Deus tarda mas não falha.
    - Remédio pra cavalo velho é o capim novo (esperança).
    - "Os dias, soma-os a vida, diminui-os a morte, multiplica-os a ressurreição" (A. Vieira).
    - Pode quem pensa que pode.
    - Tudo é possível àquele que crê (NT).
    - Depois da tempestade vem a bonança.

FALEM TAMBÉM OS AUTORES

A sabedoria da humanidade é comparável a uma fonte de água refrescante, que corre em abundância para matar a sede de orientação de quem dela quiser aproveitar. Centenas de escritores de todos os séculos, como afluentes de um rio, vieram dando sua contribuição para enriquecer o manancial. Sem a pretensão de ter escolhido as melhores citações, experimento dispor algumas dessas joias, para nosso prazer e crescimento pessoal[1]. Você saberá distinguir as que lhe serão mais úteis.

❖ Os homens que se queixam de falta de liberdade são ordinariamente os que menos a merecem. (Marquês de Marica).

❖ Ser livre para o homem contemporâneo é ser justo, é ser cultor, é respeitar o direito alheio, o direito individual, diante de si mesmo. (A. Austregésilo).

❖ A liberdade em excesso torna-se uma segunda escravidão. (Leoni Kaseff).

❖ Nada mais livre que a natureza e, todavia, é regida por leis invariáveis. (Coelho Neto).

❖ A liberdade não é uma concessão, mas uma vitória de cada dia. (Jânio Quadros).

❖ O liberalismo tem uma bandeira bonita e aspectos exteriores que o tornam na verdade sedutor. É apenas uma aparência enganosa. (Heitor Moniz).

---

[1] As citações foram colhidas, entre outros lugares, nos livros: PANDU, P., *Seleção de 5 mil pensamentos*, Rio de Janeiro, Edições de Ouro, s. d.; LACERDA, Nair (org.). *Dicionário de Pensamentos*, São Paulo, Cultrix, 1974 e PETER, Laurence J., *Peter's quotations. Ideas for our time*, New York, Bantam Books, 1979.

- A liberdade para nós corresponde a uma série de conquistas econômicas, sociais e políticas. (Juscelino Kubitschek).
- O excesso de liberdade é uma porta aberta para o mal. (Sabino de Campos).
- A liberdade dos povos deve ser proporcional à sua civilização. (Adão Myszak).
- O homem é tanto mais livre quanto maior a sua capacidade de renúncia. (Vivaldo Coaraci).
- A liberdade é o máximo de aspiração, e o seu maior corolário é a justiça. (A. Austregésilo).
- A liberdade é como a própria vida: nasce e cresce na dor. (Graça Aranha).
- O princípio da liberdade é inseparável do princípio da responsabilidade. (Leoni Kaseff).
- A liberdade, que nunca é suficiente para os maus, é sempre sobeja para os bons. (Marquês de Marica).
- A liberdade não morre onde restar uma folha de papel para decretá-la. (Machado de Assis).
- Liberdade sem juízo é pólvora em mãos de menino. (Adágio popular).
- É livre quem aprendeu a livrar-se daquilo que o impede justamente de ser livre. (Wilson Chagas).
- A liberdade, quando começa a criar raízes, é planta de rápido crescimento. (Washington).
- O Deus que nos deu a vida deu-nos a liberdade ao mesmo tempo. (Jefferson).
- Liberdade é a única coisa que não podes ter, se não quiseres dá-la aos outros. (White).
- O homem livre não quer dominar outro homem; a liberdade está em antítese tanto com a escravidão como com o desejo de mando. Assim, este último não é mais do que uma forma do espírito de sujeição, porque o dominador é aquele que não sabe sentir-se indivíduo senão em função de outro ser, o dominado. (Bontempelli).
- A liberdade não funciona tão bem na prática como nas palavras. (Will Rogers).

- Ordem sem liberdade, e liberdade sem ordem são igualmente destrutivas. (Theodore Roosevelt).
- Onde quer que prevaleça o espírito público, a liberdade está segura. (Noah Webster).
- Enquanto cada homem reclama sua liberdade como questão de direito, a liberdade que ele concede aos outros homens é questão de tolerância. (Walter Lippmann).
- A liberdade é sempre perigosa, mas é a coisa mais segura que temos. (Harry Emerson Fosdick).
- O pastor afasta o lobo da garganta da ovelha, razão pela qual a ovelha agradece ao pastor como a seu libertador, enquanto que o lobo o denuncia pelo mesmo ato como o destruidor da liberdade. (Abraham Lincoln).
- A liberdade nada mais é que a chance de ser melhor. (Albert Camus).
- Liberdade significa responsabilidade. É por isso que a maioria dos homens a temem. (George Bernard Shaw).
- A eterna vigilância é o preço da liberdade. (Wendell Phillips).
- A finalidade da liberdade consiste em criá-la para os outros. (Bernard Malamud).
- Os que suprimem a liberdade sempre o fazem em nome da lei e da ordem. (John Lindsay).
- A liberdade provém dos seres humanos, mais que das leis e instituições. (Clarence Darrow).
- Para gozar da liberdade precisamos controlar a nós mesmos. (Virginia Woolf).
- Os que negam a liberdade aos outros não a merecem para si mesmos. (Abraham Lincoln).
- Liberdade excessiva pode corromper, e a total liberdade pode corromper totalmente. (Gertrude Himmelfarb).
- Não podemos voltar atrás e fazer um novo começo, mas podemos recomeçar e fazer um novo fim. (Ayrton Senna).
- É muito fácil livrar-se de todas as nossas responsabilidades. Difícil é escapar das consequências por se ter livrado delas. (Graciliano Ramos).

Depois de lermos as citações acima, vale recordar que há muitos séculos a Sabedoria eterna se expressou de maneira especialíssima na obra fundamental de todos os povos, que chamamos "Sagrada Escritura" ou Bíblia. Principalmente no Novo Testamento, onde o Deus feito homem veio pessoalmente revelar a quem se interessasse, o segredo da felicidade humana. Melhor que ninguém ele o mostrou, primeiro com sua maneira de ser, em suas ações e, além disso, em palavras sábias que continuam sendo inspiração para a vida de milhões de pessoas. O Evangelho é fonte inesgotável de princípios para agirmos com segurança e garantirmos autêntica liberdade.

ENCERRANDO NOSSA CONVERSA

É tão grande a importância da liberdade, que seu horizonte vai além do que nossos olhos alcançam. É necessário sermos livres em todos os sentidos, principalmente em nosso coração. Que nada nos impeça de fazer escolhas autênticas, de modo que a curto ou médio prazo não tenhamos que nos arrepender. Aprender a ser livres é tarefa da vida inteira. Continuar a ser livres é empresa para os vitoriosos. Apesar das dificuldades, tudo isso está ao alcance das pessoas comuns, justamente por ser o destino de todos, por ser a condição para sermos felizes. As reflexões que fizemos até aqui tiveram a intenção de esclarecer o caminho. Ora, como tudo na vida é processo e se adquire pelo treinamento, basta pormos mãos à obra e acreditarmos que o sucesso virá do empenho bem orientado. "Roma não se fez num dia", dizia o provérbio. "Devagar se vai ao longe", ressoa outro, fazendo-lhe eco.

Ao mesmo tempo, vale lembrar que nada conseguimos inteiramente sem a ajuda do alto. Podemos muito, sem dúvida, mas não tudo. "É de Deus quem nos torna capazes", nos adverte São Paulo, escrevendo aos cristãos de Corinto (2Cor 3,5). Por isso, vem a propósito encerrarmos nosso encontro com o que expressou Santo Inácio de Loyola, ao redigir a seguinte oração, bem no final dos *Exercícios Espirituais* (EE):

Tomai, Senhor, e recebei <u>toda a minha liberdade</u> e a minha memória também, o meu entendimento e toda a minha vontade. Tudo que tenho e possuo, vós me destes com amor.

Todos os dons que me destes, com gratidão vos devolvo, <u>disponde deles, Senhor, segundo a vossa Vontade</u>. Dai-me somente vosso Amor, vossa Graça. Isso me basta, nada mais quero pedir.

APÊNDICE I
O QUE INÁCIO ESCREVEU SOBRE O ASSUNTO[1]

a) **nº 23** – "...Por isso é necessário fazer-nos *indiferentes* a todas as coisas *criadas*, em tudo o que é permitido à nossa livre vontade e não lhe é proibido. De tal maneira que não queiramos mais saúde que enfermidade, riqueza que pobreza, honra que desonra, vida longa que vida breve, e assim por diante em tudo o mais...".

b) **nº 155** – "O *terceiro* (tipo de pessoas), quer tirar o afeto (a um determinado bem), mas de tal modo que não tenha afeição em ter ou não ter a quantia adquirida. Apenas quer querê-la ou não, conforme o que Deus nosso Senhor puser em sua vontade, e o que lhe parecer melhor para o serviço e louvor de sua divina Majestade. Entretanto, quer proceder como quem deixa tudo afetivamente, esforçando-se em não perder aquilo ou outra qualquer coisa, a não ser movido somente pelo serviço de Deus nosso Senhor e, assim, que o desejo de melhor poder servir a Deus nosso Senhor o mova a tomar a soma ou deixá-la".

c) **nº 157** – "Ter presente que, quando sentimos afeto ou repugnância à pobreza material, não estamos indiferentes à pobreza ou riqueza..."

---

[1] No livrinho dos *Exercícios Espirituais*.

d) **nº 170** – "Para saber sobre o que se deve fazer eleição... É necessário que todas as coisas sobre as quais eu queira fazer eleição sejam indiferentes ou boas em si, aceitas pela santa Mãe, a Igreja hierárquica, não sendo más nem repugnantes a ela."

e) **nº 179** – "É preciso ter presente o fim para o qual sou criado, que é louvar a Deus nosso Senhor e salvar-me. Deste modo, achar-me indiferente, sem qualquer afeição desordenada, de modo que não esteja mais inclinado nem apegado a assumir a coisa proposta ou a deixá-la. Mas que eu fique como o fiel da balança, pronto para abraçar o que sentir ser maior glória e louvor de Deus nosso Senhor e minha salvação".

Em outros escritos a mesma atitude aparece, como por exemplo:

* Se algum bem retendes, não sejais retido por nenhum. (Carta a Pedro Contarini, agosto de 1534)
* Nunca, com a graça de Deus, nos perturbaremos de nos chamarem ignorantes, rudes, falhos na linguagem, e até maus, enganadores e volúveis. (Aos Senhores de Loyola, 2-2-1539)
* A finalidade (de ter letrados na Companhia) é para encontrar menos contrariedades na gente do mundo e poder depois pregar sua santíssima palavra com mais liberdade. (Ao sobrinho Beltrão de Loyola, setembro de 1539)
* Assinalai-vos no que sempre há de durar, deixando de nos esforçar naquilo de que depois nos havemos de arrepender. (A João Laínez, pai do Pe. Laínez, 25-9-1539)
* Mas quem quisesse examinar em si mesmo que tal é a indiferença, no caso de V. Revma., perguntaria à sua alma, no acatamento de Deus N. S., o seguinte: 1º) está preparado de fato para deixar ou tomar esse recolhimento? (eremitério) 2º) resultará contente e consolado em tomar ou deixar o que deseja? 3º) sentirá que lhe será mais conveniente tomá-lo ou deixá-lo conforme lhe mandar o superior? Quem se achasse assim disposto, poderia dizer

que está indiferente como o exige a verdadeira obediência. (Ao Pe. André D'Oviedo, 27-3-1548)
* Com isto (perfeita obediência aos superiores) não se tira, se alguma coisa se vos representasse diferente do que ao Superior e fazendo oração vos parecesse diante do divino acatamento convir lha representásseis, que o possais fazer. Contudo, se nisto quereis proceder sem suspeita de amor e juízo próprio, deveis estar indiferentes antes e depois de a representardes, não somente para execução de tomar ou deixar a coisa de que se trata, mas ainda para mais vos contentardes e terdes por melhor quanto o Superior ordenar. (Carta sobre a Obediência, aos Padres e Irmãos de Portugal, 26-3-1553)
* Sejam frequentemente exortados (os jesuítas) a procurar em todas as coisas a Deus N. S., arrancando de si, quanto possível, o amor de todas as criaturas, para o pôr todo no Criador delas, amando-O em todas, e amando todas Nele, conforme a sua santíssima e divina Vontade. (Constituições SJ, 288)

São muitos os exemplos colhidos pelos contemporâneos de Santo Inácio a seu respeito. Alguns podem ser aqui lembrados para nossa admiração[2].

Narrava o Padre Ribadeneira, que com ele viveu em Roma, que todas as suas inclinações ele as tinha, com a graça de Deus e contínua luta, em tal medida sujeitas e colocadas a serviço da razão, que parecia realmente não sem afetos, o que seria antinatural, mas plenamente livre de qualquer agitação violenta. E havia se adiantado tanto nesse domínio de si mesmo que, embora ardente por natureza e colérico por temperamento, no entanto, pela doçura que manifestava em sua conduta e no trato com os outros, foi considerado pelos médicos como de caráter frio e um tanto fleumático.

O Padre Gonçalves da Câmara, português, companheiro seu daqueles tempos, escreveu que a origem desse equilíbrio provi-

---
[2] Os exemplos foram retirados do livro *Contribuições para o estudo de um caráter*, original alemão, do P. A. Huonder.

nha da paz imperturbável e igualdade de ânimo que mantinha em tudo. Nada podia perturbar a sua calma. Dizia que a interna devoção de Inácio aparecia exteriormente e se mostrava na grande paz, tranquilidade e recolhimento de seu trato exterior. Podia-se anunciar-lhe qualquer novidade, podia sobrevir-lhe qualquer incidente, agradável ou desagradável; mas ele não dava sinal de comoção ou agitação nem nas faces nem nas atitudes.

Quando certa vez, durante uma doença, o médico lhe recomendou de evitar toda agitação interna e especialmente pensamentos penosos e acabrunhadores, Inácio se pôs a examinar quê acontecimento lhe seria capaz de perturbar a tranquilidade; e o encontrou finalmente numa eventual dissolução da Companhia de Jesus. Pensava, porém, que, se tal coisa acontecesse e a Companhia se dissolvesse como o sal na água e sem sua culpa, lhe bastaria um quarto de hora de recolhimento na oração para retornar à costumeira quietude e serenidade de espírito.

Dizia ainda Gonçalves da Câmara, que esse autodomínio era fruto de vitória enérgica e contínua e de um controle ininterrupto de si mesmo. Costumava examinar-se a cada hora do dia e da noite, se estava acordado, e, se naqueles momentos fosse impedido por conversas com os amigos ou pelos negócios, recuperava-o logo em seguida, porque o exame particular lhe era coisa vital, em que não relaxava jamais; tanto que a um Padre, que lhe respondera que se examinava sete vezes no dia, ele mostrou-se admirado que não o fizesse mais frequentemente.

APÊNDICE II
QUE DIZEM OS COMENTARISTAS?

São inúmeros os comentários escritos a respeito dos *Exercícios Espirituais*, através dos séculos que nos separam do século XVI. Acredito que podem ser de ajuda uns poucos que transcrevo abaixo, em vista de maior entendimento sobre nosso tema.

O Padre Roothaan, SJ, que foi superior geral dos jesuítas, assim explicava a indiferença: "Fazer-nos (mostrar-nos) indiferentes... é com isso indicado que é necessário conseguir essa indiferença... isto é, de tal maneira nos comportar com todas as coisas criadas, vencendo-nos a nós mesmos, como se não sentíssemos inclinação ou repugnância, superando (abnegando) o que sentimos, quer aquelas coisas sejam agradáveis quer desagradáveis. Esse esforço é necessário para alcançarmos aquele grau de perfeição realmente excelso, no qual usemos ou nos abstenhamos das criaturas, *tanto quanto, nem mais nem menos*, do que pede a razão do fim último"[1].

O Padre Jean Laplace, SJ, célebre comentarista dos *Exercícios Espirituais*, assim explicava o assunto em mais de um lugar[2]:

> No cerne da experiência espiritual, deparamos a seguinte lei: antes de qualquer opção, seja qual for a situação em que eu me encontre, celibato, matrimônio, profissão, o que me torna discípulo de Jesus e faz com que eu seja perfeito como é perfeito o Pai celeste é a fidelidade ao convite do Senhor: Sê pobre, volta

---
[1] Do comentário em *Thesaurus Spiritualis Societatis Jesu*.
[2] LAPLACE, Jean, *Exercícios Espirituais de 30 dias*, São Paulo, Loyola, 1981.

a ser criança, desapossa-te de ti mesmo. Ninguém pode chegar ao Pai nem consegue amar seus irmãos, sem seguir a Jesus por este caminho[3].
A tentação universal. Ela procede da vontade do "eu" que é possessivo e se fixa no que possui, quer de glória recebida dos homens, quer de sucesso imediato, ou de poder sob todas as suas formas. O "eu" vincula-se a um bem, do qual faz o "seu" bem: corpo, dinheiro, sucesso, empresa, perfeição. Arvorando-se em centro, ele se identifica com o objeto que cobiça e faz dele um "em si", um "absoluto" que reivindica com intransigência, a ponto de esmagar quem o impede de alcançar seus fins[4].
[...] mesmo quando eu possuo ou quero alguma coisa que é conforme com a lei moral, com a justiça, o Evangelho ou o ensinamento da igreja, será que a possuo ou quero com isenção de coração, pura e unicamente por Deus? Eu não posso, assim à primeira vista, considerar como vontade de Deus a meu respeito um ideal que entrevejo ou me é apresentado. A excelência do objeto pode enganar: os ideais todos que, sucessivamente, se apresentam à consciência cristã, o reino, a evangelização, o desenvolvimento... É forçoso que eu consiga querer tal objeto sem procurar a mim mesmo, em paz e fiado unicamente na graça, de sorte que, despojando-me de mim mesmo, receba como dom de Deus a perfeição que almejo[5].
A eleição supõe que os nossos pontos de vista se ordenem à luz e sob a influência do Espírito Santo. Eu não ponho as minhas preferências em tal objeto particular, casamento ou sacerdócio, esta ou aquela missão, esta ou aquela profissão particular. Minhas preferências vão para Jesus Cristo, como sendo o único necessário[6].
Trata-se de ficar verdadeiramente livres de coração. Não se trata de uma moral puramente exterior. Esta questão não se resolve pela moral. Trata-se de ficarmos livres, qualquer que seja a nossa decisão. O ideal é ficarmos livres para aceitar o que Deus quer colocar em nosso desejo. O sinal da vontade de Deus é a paz que sentimos. O que impede a paz é o apego e a falta de entrega de tudo a Deus. Tudo nos é dado como meios a serem utilizados na liberdade. Para chegar a esta liberdade, pre-

---

[3] LAPLACE, Jean, *Exercícios Espirituais de 30 dias*, São Paulo, Loyola, 1981, 83.
[4] Ibidem, 85.
[5] Ibidem, 91.
[6] Ibidem, 94.

cisamos nos desapegar de tudo para que na retidão de coração cheguemos a escolher o melhor, isto é, a Vontade de Deus para mim. Realizo esta Vontade de Deus querendo o que Deus quer na paz do meu coração[7]. O contexto da eleição é o da liberdade. Não se trata da liberdade no sentido moderno da palavra. Fazer a minha vontade, não aceitando nenhuma influência extrínseca. É a liberdade no sentido do homem criado à imagem de Deus para entregar ao Criador a liberdade que d'Ele recebe. Entre o Criador e a criatura se estabelece um diálogo de amor à semelhança daquele que se realizou com Maria no momento da Anunciação. A liberdade não tem sua finalidade em si mesma. Ela foi dada ao homem para responder este "sim" a Deus. A liberdade nos foi dada para nos entregarmos ao outro. É neste contexto de diálogo, reciprocidade e aliança que devemos situar a eleição[8].

O Padre Spencer Custódio Filho, SJ, acrescenta:

Ser indiferente é experimentar que Deus é capaz de servir-se de qualquer instrumento para dar-se a nós. É liberar-se de qualquer pré-juízo, pré-conceito, desapegando-se profundamente (o que não significa eliminar preferências ou repugnâncias) à luz do Espírito Santo, de tal forma que possam ser desvelados, revelados, os nossos "ídolos" aqui e agora. Para isso Inácio cita alguns exemplos pinçados das realidades mais universais possíveis: saúde-doença, riqueza-pobreza, vida longa-vida breve, honra-desonra... Propõe-se, portanto, um enérgico e constante *fazer-se* indiferente quando defrontamos com nossas opções no concreto da vida e da história[9].

O Padre Adroaldo Palaoro, SJ, traz ainda excelente anotação a respeito da Indiferença.

Como consequência desta descoberta do Amor Primeiro, supõe-se da parte do homem uma liberdade diante das "coisas" e uma disponibilidade total a Deus; Inácio chama esta atitude de *indiferença*, que não significa falta de iniciativa, insensibilidade

---

[7] Ibidem, 113.
[8] Ibidem, 116.
[9] CUSTÓDIO FILHO, Spencer, Os Exercícios Espirituais de Santo Inácio, São Paulo, Loyola, 1994, 38.

ou apatia, mas "atitude livre perante as coisas", distância afetiva das coisas para eleger bem, libertação interior afetiva aberta a Deus... Trata-se de ser livre *de*, para ser livre *para*... A indiferença não é um fim em si mesma, mas implica uma passagem necessária ao amor autêntico, à escolha daquilo "que mais nos conduz ao fim para que somos criados". É liberdade para uma decisão que, no fundo, não é minha, mas de Deus; é sua vontade que devo buscar ao fazer uma eleição. Para Inácio, a indiferença é a pedra de toque de uma "boa e sã" eleição, pois ela ajuda a "seguir aquilo que sentir ser mais para a glória e louvor de Deus Nosso Senhor e salvação de minha alma" (EE 179).

Evidentemente, a pessoa que continuamente vive esta "disposição" terminará por se afastar de tudo o que não é de Deus e somente amar em todas as coisas o que for do agrado divino. Nesse sentido, a indiferença desempenha um papel purificador e libertador, já que nos permite perceber, compreender e amar a vontade divina. Somente quando o homem é verdadeiramente indiferente é que ele pode perceber esta ação imediata de Deus nele; a indiferença é, pois, a preferência dada à vontade de Deus em relação a tudo: "buscar em todas as coisas a Deus nosso Senhor, afastando, quanto possível, de si o amor de todas as criaturas, para pô-lo no Criador delas, a ele amando em todas e a todas nele, conforme sua santíssima e divina vontade" (Constituições, 288). Disso resulta que a indiferença é uma distância das "coisas" que deve ser determinada à luz de Deus: é a liberdade do homem que confia em Deus, que orienta seu olhar para o Senhor e se deixa conduzir pela força de Seu amor... A indiferença só será inaciana quando integra o "magis"; a expressão "fazer-nos indiferentes a todas as coisas criadas" só se compreende se a consideramos em sua relação com a escolha do melhor; o objetivo da indiferença, portanto, não é outro que a busca contínua da maior glória de Deus[10].

---

[10] PALAORO, Adroaldo, *A experiência espiritual de Santo Inácio e a dinâmica interna dos Exercícios*, São Paulo, Loyola, 1992, 88-89.

BIBLIOGRAFIA

AQUINO, Tomás de, *Summa Theologica & II Sententiae*.
BÍBLIA MENSAGEM DE DEUS, São Paulo, Loyola, ³2016.
CUSTÓDIO FILHO, Spencer, *Os Exercícios Espirituais de Santo Inácio*, São Paulo, Loyola, 1994.
FOLHA DE SÃO PAULO, jornal, 03 de junho de 2012.
FRANKL, Viktor, *Em busca de sentido*, Petrópolis, Vozes, 1994.
FROMM, Erich, *O medo à liberdade*, Rio de Janeiro, Zahar, 1970.
HÄRING, Bernhard, *A Lei de Cristo*, vol. 1, São Paulo, Herder, 1960.
HUONDER, A., *Contribuições para o estudo de um caráter*, tradução, não publicado.
JOLIVET, Régis, *Vocabulário de Filosofia*, Rio de Janeiro, Agir, 1975.
LACERDA, Milton Paulo de, *Permissão para viver*, Petrópolis, Vozes, 2004.
LACERDA, Milton Paulo de, *Paixão pela vida, dos valores ao valor*, Loyola, 2019.
LACERDA, Catarina A. O. Pasin e LACERDA, Milton Paulo de, *Permissão para amar e ser amado*, Petrópolis, Vozes, 2006.
LAPLACE, Jean, *Exercícios Espirituais de 30 dias*, São Paulo, Loyola, 1981.
LOBATO, Monteiro, *Fábulas*, São Paulo, Companhia Editora Nacional, ⁵1934.
LOYOLA, Inácio de, *Exercícios Espirituais*, São Paulo, Loyola, 2000.
MAY, Rollo, *O homem à procura de si mesmo*, Petrópolis, Vozes, 1994.
PALAORO, Adroaldo, *A experiência espiritual de Santo Inácio e a Dinâmica interna dos Exercícios*, São Paulo, Loyola, 1992.
PANDIÁ, Pandu, *Seleção de 5000 Pensamentos*, Rio de Janeiro, Edições de Ouro, s. d.
PETER, Laurence, *Peter's quotations. Ideas for our time*, New York, Bantam Books, 1979.
QUOIST, Michel, *Poemas para rezar*, São Paulo, Duas Cidades, 1958.
TAYLOR, F. W., *Princípios de administração científica*, São Paulo, Atlas, 1963.
THESAURUS SPIRITUALIS SOCIETATIS JESU, ed. reservada.
STEVENS, Barry, *Não apresse o rio, ele corre sozinho*, São Paulo, Summus, 1978.
VIDAL, Marciano, *Moral de Atitudes*, vol. 1, Aparecida, Santuário, 2002.
WEIL, Pierre, *O corpo fala*, Petrópolis, Vozes, 1973.
XENOFONTE, *Ditos e feitos memoráveis de Sócrates*, São Paulo, Abril Cultural, 1972.

Edições Loyola

editoração impressão acabamento

Rua 1822 n° 341 – Ipiranga
04216-000 São Paulo, SP
T 55 11 3385 8500/8501, 2063 4275
www.loyola.com.br